［ポイエーシス叢書］53.

名を救う

否定神学をめぐる複数の声

ジャック・デリダ
小林康夫・西山雄二訳

未來社

Jacques Derrida　Sauf le nom

目次

■凡例

・原則として、原文における大文字は〈 〉、«»は「 」で表示した。また、イタリック体は傍点による強調とした。

・〔 〕は原語を挿入するため、また、書誌情報や訳者による補足・説明を表わすために用いた。

・☆は原著者による註、★は訳者による註を表わす。原註は本文の下に、訳註は本文の後に掲出した。

名を救う

装幀——戸田ツトム

前置き

一、本書の最初のヴァージョンは（ジョン・P・リーヴィ・ジュニアの翻訳によって）英語で出版された。そのときは「追伸」〔*Post-Scriptum*〕というタイトル（副題は「アポリア、道《ヴォワ》、声《ヴォワ》」）で、否定神学を扱った論集（Harold Coward, Toby Foshay (eds), *Derrida and Negative Theology*, State University of New York Press, 1992）に収録されていた。このとき私はカルガリー・インスティテュート人文学部（カナダ）でハロルド・カワードの主催で準備された同名の討論会に招待されいて、発表された各講演に結論という形で応答することになっていた。〔ところが、〕私はこの討論会に行くことができなかった。だから、本書の虚構の対話が執筆されたのは、先述した論集に収録された各講演を読んだ後である。トビー・フォシェイ、マイケル・デスプランド、マーク・C・テイラー、ハロルド・カワード、デヴィッド・ロイ、モーニー・ジョイといった著者の方々には、今一度、御礼申し上げておきたい。〔本テクストがおかれた〕文脈を説明しておくと、編集者は、私がかつて別の場所で発表した二つの論考を英語に翻訳してこの論集に併載した。それは、『哲学における最近の黙示録的語調について』（Paris, Galilée, 1983〔白井健三郎訳、朝日出版社、一九八四年〕）と、『プシケー 他者の発明』（Paris, Galilée, 1987〔現在は、*Psyché Inventions de l'autre II nouv. éd. augmentée*, Galilée, 2003 に収録されている〕）所収の「いかにして語らないか 否認」である。

二、その是非はともかくとして、本書を『コーラ』と『パッション』という二つの試論と同時にガリレ出版から刊行することは、現在、正当な理由があると私には思える。これら三篇は別々に切り離されているとはいえ、互いに呼応し、唯一の同じ布置の内部でおそらく互いに照らし合うようにみえる。これらのタイトルの可動的な統語法のもとに、「ひとつの与えられた名についての三篇の試論」〔という総題〕を読み取ることができるだろう。あるいは、「与えられた名（匿名、換喩としての名〔métonymie〕、古名〔paléonymie〕、秘名〔cryptonymie〕、偽名〔pseudonymie〕）に起こりうることについての」三篇の試論と言ってもいい。与えられた名に起こりうることというのは、それゆえ、「受け取られた」名、さらには義務を負った名に起こりうることである。言い換えれば、おそらくはひとが名に、名の名に、つまり綽名〔＝上につけられた名 surnom〕に、そしてまた、義務という名（与える、もしくは受け取る義務という名）に負っていること（与えなければならないこと、もしくは犠牲に捧げなければならないこと）についての三篇の試論である。

名を救う★一（追伸）

――［……］

――ひとり以上、申し訳ないが、つねにひとり以上、必要なのだ、語るためには。それには複数の声が必要なのだ……

――ああ、同意しよう。とりわけ、言うなら範例的な仕方で必要なのだ、神のことが問題となっているときには……

――さらに言ってよければ、アポファーズ〔否定〕★2と呼称されるものにしたがって、言い換えれば、抑揚のない声《ヴォワ》、いわゆる、否定神学の道《ヴォワ》、あるいは自称否定神学の道《ヴォワ》にしたがって、神についてて語ろうと主張しているときには、なおさら必要でしょう。この声はそれ自身で倍増する。つまりそれは、存在することなしに存在する神、存在の彼方に（存在する）神というように、ある事柄とその反対の事柄とを語るのだ。アポファーズとは、神に関して否定形ないしは疑問形——これはアポファシスが意味することでもある——をとる、無神論の告白とときおり瓜二つの宣言、説明、応答である。何しろ、アポファシスの様態は、その否定や疑問の価値にもかかわらず、宣告、評決、決断、声明＝陳述〔statement〕の様態をしばしば思い出させるのだから。ためらわずに私の話を遮ってもらって構わないのだが、私は、こうした声の多数性について、モノローグ主義の最初からある終り、それでいて、けっして終わることのない終り——そして、その後に続くものについて語ろうと思う……

——ある種の神秘思想と同様に、アポファティックな言説は無神論という嫌疑をつねにかけられてきた。この類の訴訟ほど順当であると同時に無意味なもの、場違いで盲目的なものはないようにみえる。ライプニッツ自身にもその傾向があった。彼がアンゲルス・シレジウス★3について語ったことをハイデガーは想起している。「これら神秘家たちにおいては、きわめて大胆で、難解な隠喩に満ちた、そしてほとんど無神論へと傾いたいくつかの箇所があります。そのようなものを私は、〔ヨハネス・〕アンゲルス・シレジウスなる人物によるドイツ語の詩——しかもとても美しい詩——のなかに〔何度か〕認めました……。☆1」

☆1 "Bei jenen Mystikern gibt es einige Stellen, die ausserordentlich kühn sind, voll von schwierigen Metaphern und beinahe zur Gottlosigkeit hinneigend, sowie ich Gleiches bisweilen in den deutschen - im übrigen schönen - Gedichten eines gewissen Mannes bemerkt habe, der sich Johannes Angelus Silesius nennt... " 一六九五年一月二八日付のライプニッツによるパチウス宛の書簡（*Leibnitii opera*, Éd. Dutens, VI, p. 56）。ハイデガーが、*Der Satz vom Grund* (Neske, 1957, p. 68) で引用している〔『根據律』辻村公一・ハルトムート・ブフナー訳、創文社、一九六二年、七三頁〕。

傾《アンクリナン》いた、しかし、その傾斜の具合《アンクリネゾン》やその性向《アンクリナシオン》の彼方に行くことはなく、それゆえほとんど傾いてすらいない（beinahe zur Gottlosigkeit hinneigend〔ほとんど無神論へと傾いた〕）、このクリナーメン★4の奇妙な傾きは、言語のある種の大胆さ、詩的言語や隠喩的な言語の大胆さと切り離せるようにはみえない……

——そして、「しかもとても美しい詩（im übrigen schönen Gedichten）」を忘れないでほしい。ライプニッツはそう記しているのだ、まるでそれが付加的なことや付随的なことであるかのように。しかし、ここで問題となっているのは、美にしろ崇高にしろ、否定神学の本質的な特徴ではないかと思う。アンゲルス・シレジウスという事例に関して言えば……

——その問いはさしあたり脇へおいておこう。アンゲルス・シレジウス（〔本名〕ヨハネス・シェフラー）の遺産相続は厳密な意味での否定神学の伝統に属しているのかいないのかといった問いは。その場合、「厳密な意味」について語ることはできるのだろうか？　私が思うに、アンゲルス・シレジウスがアポファティックな神学と明白な近親性を持ち続けてきたことを、あなたは否定することはできないだろう。彼の事例は、今のところ、ライプニッツが嫌疑をかけた無神論とある種のアポファティックな大胆さとの親近性だけを私たちに物語っている。後者の大胆さはつねに、理性的に許容されることよりもさらに遠くへと行こうとする。これこそが否定神学の本質的な特徴のひとつだ。それは限界への移行がなされるということ、次いで、社会－政治、制度、教会の共同性の境界線、つまりはそれらの理性《レゾン》ないしは存在理由《レゾン・デートル》の境界線を含めた、ひとつの境界線が乗り越えられるということである。

――アポファーズがほとんど無神論へと傾くとするならば、逆に、まさにこのことによって、公然たる無神論の極端だがもっとも首尾一貫した形式は、神へのこの上なく激しい欲望をつねに証言してしてきたとは言えないだろうか？　この問いこそが今後、プログラムないしは母型《マトリックス》をなすのではないだろうか？　それは典型的で同定可能な仕方で繰り返し回帰するのではないだろうか？

――その答えは諾《ウィ》であり、否《ノン》でもある。確かに、あるアポファーズはそれが顕現するという歴史や出来事、もしくはそれが顕現しないという秘密によって、どこまでも飽くなき神への欲望に呼応し、対応し、連結していることがある。〔だが、〕いかなる欲望にも、すなわち、神人同形的ないかなる欲望の形にも根本的に無関係なままの別のアポファーズ、別の声もある。

――しかし、欲望がそれ自身の中断を、欲望の死や幽霊といったものを自らのうちに抱えているというのは、欲望に固有なことではないだろうか？　別の絶対的なものへと向かうことは、これによってそれ自身の跳躍、それ自身の自己固有化の運動を放棄しようとする欲望の極度の緊張状態なのではないだろうか？　この欲望は自己を放棄し、また信頼までも放棄し、さらには、破壊されざるナルシシズムの術策が無限の放棄になおも当て込むであろう利益をも放棄しようとするのではないだろうか？

――証言する、とあなたは言った。神への欲望を証言する、と。この文句はただたんに両義的であるだけではない。その決定不可能性そのものにおいて本質的で、意味深い、決定的な両義性、つまり、〔「神が抱く欲望」もしくは「神に対する欲望」というように〕二重の属格（主体と客体が文法的あるいは存在論的に現われる以前の「客体的」かつ「主体的」属格）が特徴づける両義性、換言すれば、この種の欲望の起源と終末〔＝目的〕という両義性を帯びるばかりではない。それは、この欲望は私たちの内の神から生じるのか、つまり、神から私たちの方へと生じるのか、私たちから神の方へと生じるのか、という両義性である。そして、私たちがこの欲望以前に私たち自身を規定しない以上、また、この欲望に先立つことなく、つまり、かりに喪を経るにしろ、他者との関係に先立つことなしにいかなる自己との関係も確立しえない以上、いかなる考察もこの属格の系譜学のなかにとらえられている。この考察という言葉を私は神の観念や神の名についての考察だけでなく、自己についての考察、例えば自伝的な考察といった意味でも理解する。しかし、あなたの文句は証言という名詞を用いているために、別の意味でも両義的である。というのも、無神論がアポファティックな神学と同様に、神〔へ〕の欲望を証言するならば、無神論が神〔へ〕の欲望を白状し、告白し、あるいはこれを間接的に、いわばなんらかの徴候において意味するならば、無神論は誰のもとでこれをおこなうのだろうか？　誰が誰に対して語るのだろうか？　この問いのもとで今しばらく立ち止まることにしよう、否定神学の言説が何であるのか、その所定の諸特徴やその固有の性向が何であるのか、知っているふりをしながら。この言説は誰に対して語りかけるのだろうか？　その宛先人は誰だろうか？　否定神学の言説はその対話者以前に、言説というもの以前に、それが行為される以前に、それがパフォーマティヴに遂行される以前に存在しているのだろうか？　例えば、ディオニュシオス・アレオパギテス[★5]は神に向けられたある種の祈りを捧げるが、彼はこれを弟子への語りかけ〔adresse〕と結びつける。[★6]より正確に言えば、呼びかけられこれを聞き取った者が弟子になるという事態に結びつける。神へと訴える頓呼法が、まさに、その方向を逸らすことなく、ある男性の方へと向かう別の頓呼法へと向きを変えるのである……

——ある女性の方へ、ということはけっしてない……？

——私が知るかぎり、〔女性への語りかけは〕おこなわれていないし、この〔ディオニュシオスの〕場合にもみられない（だが、男性だけで舞台は進展する、なかでも発言者は男性に限られているなどと性急に結論づけないようにしよう）。この別の頓呼法は、それゆえ、自分が知っていること、自分が知らなければならないこと——ただし、非‐知でもって、ある種の非‐知にしたがって知らなければならないこと——をいまだ正確に知らない男性に宛てられる。〔神への〕讃歌と〔弟子への〕教育法がここでは、ある様式——その本質的、それゆえ何ものにも還元不可能な根源性を再び把握しなければならないだろう——にしたがってうまく調和しているのだ。ここで問われているのは魂の特異な運動であり、お望みならば、自らが抱える夜のなかでこの運動を明かすために、もっとも秘められた秘密と調和する実存者の回心と言ってもいい。この回心は他者へと（自分で）向きを変えることで、神へと（他者の）向きを変える。実は同じものであるこれら二つの運動に対してなんらかの命令が発せられることなく、しかもそのいずれもが回避されたり迂回されたりすることのないまま向きが変わるのだ。このような回心はおそらく、アウグスティヌスの告白の運動と関係がないわけではない……

——その自伝的な性格、この点をめぐって彼の告白が創始したものについては思い出すまでもないだろう。聖アウグスティヌスの『告白』のような出来事を抜きにして、自伝の本質、由来、歴史というものが何なのか知ろうとすれば、どこか純朴なものになってしまう……

——アウグスティヌスが、神はすべてを知っているのに、なぜ自分は神に自分のことを告白するのかと（自らに）問うとき、また、彼が実のところは、神にそう問いかけ、そしてすでに自分の読者たちに問うているとき、告白や証言の本質は認識という経験によって成り立つわけではないという答えが浮き彫りになる。彼の行為は伝える、教える、知らせるといったことだけにとどまらない。知ることとは無関係な、それゆえあらゆる規定作用やあらゆる述語付与とは無関係な告白は、この運命をアポファティックな運動と分かち合っている。アウグスティヌスの答えは初めから、愛や愛徳《カリタス》〔charité〕、いわば兄弟愛というキリスト教の秩序の一環をなすものだ。アウグスティヌスは「兄弟愛と敬虔に溢れる耳」（第十巻第三四章51）に語りかけて、愛徳を込めてこれをより良いものにしようとする。また、「兄弟愛をもつ魂」に語りかけて、この魂が、神である「あなたが愛すべしと教えてくれた」ものを「私のうちで愛する」（Amet in me fraternus animus quod amandum doces）（第十巻第四章6）[★7]ようにする。告白の目的は何かを知らせることではない——したがって、告白は、実定的な知識の伝達としての教育が本質的なものではないということを教示するのである。告白は本来、認識を通じた規定作用という次元に属しているわけではない。この観点からすれば、告白はほとんどアポファティックである。それは知ること——知それ自体——となんの関係ももたないのだ。キリストにおける愛徳、愛、友愛の行為として、告白は神と被造物とに、〈父〉と兄弟たちに宛てられるが、それは愛を「呼び起こす」ため、彼らのあいだで、私たちのあいだで情動を、愛を増大させるためである（第一一巻第一章1）。またさらに、より多くの人々が私たちのことで神に感謝を捧げ、祈りを捧げるためである（第十巻第四章6）★8。その証拠に、アウグスティヌスは、神であるあなたはすべてを知っているのに、なぜ私は自分のことを告白しなければならないのか、という問いに答えるだけではない。彼は「真実をおこなうこと〔＝真実を創ること〕」（veritatem facere）★9についても語っている。「真実をおこなうこと」とは結局、何かを明かしたり、暴露したりすることでも、認識理性の秩序にしたがって何かを伝えることでもない。それはおそらく、証言することであろう。彼は公的な証言、すなわち書き記された証言の問いに答える。書き記された証言は〔口頭での証言と比べて〕よりいっそう公的であるようにみえるし、それゆえ、一部の人がそう考えてみたくなるように、それは証言の本質、すなわち、遺言証書という試練を通じて証言が生き残っていくという本質によりいっそう合致しているようにみえる。彼は言う、心のなかで、あなたの前ではこの告白によって、そしてまた、「多くの証人の前では、自分の著述によって」

（in stilo autem meo coram multis testibus）（第十巻第一章1）、私は「真実をおこない」たい、と。また、彼が文字を通じて（in litteris, per has litteras）（第十巻第三章4）自分のことを告白するのは、彼が、愛徳ある来たるべき兄弟たちのために痕跡を残すことで、自分の愛と同時に読者（qui haec legunt）（第一一巻第一章1）の愛もまた呼び起こそうと思うからである。このエクリチュールの契機は「事後」のためにもうけられる。しかし、これはまた、回心の後に続くものでもある。こうした回心がなければ、兄弟である読者たちへの語りかけがなければ告白など意味をもたないだろうが、そんな告白の現在時からその痕跡が後に残る。告白や回心の行為〔acte〕が神と彼とのあいだですでに起こってしまっていて、それがいわば書き記されている（これは資料や記憶という意味での *acte*〔記録〕である）ために、兄弟たちに宛てて、つまり、神の息子たち、またそのなかでも兄弟たちとして承認されるべく呼びかけられる人々に宛てて追伸[★10]――まさに『告白』――を付け加える必要があるかのようなのである。この場合、友愛は〔神の〕愛徳として、〔読者の〕兄弟愛として解釈される。しかし、すでに、神への語りかけそのものがこうした追伸の可能性と必然性を必要としている。この追伸は根源的な仕方で神にとって本質的なのだ。ここでは議論を敷衍することはできないが、追伸の還元不可能な性質はアウグスティヌスによる啓示、記憶、時間の思想と調和した形で最終的には解釈される。

――あらゆる追伸は必然的に同じ地平において解釈される、とあなたは言いたいのだろうか? また、あらゆる追伸は同じ構造をもっている、と?

――いや、違う。多くの予備的な注意を踏まえなければ、そうは言えない。しかし、追伸というものは、例えば、少なくとも間接的にではあれ、こうしたアウグスティヌス的な拍子づけや楽譜をもちいて文章構成＝作曲することなしに、解釈学的な読解という意味でも、音楽パフォーマンスという意味でも、解釈＝演奏されるのだろうか? これと類似した問いは、西欧において自伝と呼ばれるものすべてに対して、その「ここと今」の特異性の如何にかかわらず、提起されうるだろう。

――西欧の自伝のあらゆる「ここと今」は、すでに、『告白』の「ここと今」の記憶のうちにあると、あなたは言いたいのか?

――その通り。ただし、すでに『告白』そのものが、きわめて粗野なままのその現在時、その日付、その場所をともなった記憶の行為＝記録《アクト》だったのだ。アウグスティヌスのことはここまでにしよう、もっとも、彼の姿はアポファティックな神秘思想のいくつかの風景にいつも付きまとっているのだが（マイスター・エックハルト★11は頻繁に彼を引用する。彼は聖アウグスティヌスが用いた「なしに〔sans〕」、すなわち、概念を欠いた個別へのほとんど否定に近い述語の付与をよく引き合いに出す。例えば、「神は智恵なく智恵があり、善良さなく善良であり、力なく力強い」★12というように）。あなたが私を招待したこの隠れた場所、つまり、かつて家族で亡命した地中海の沿岸のこの都市〔ニース〕、あなたの母親が死を迎えようとしているこの地に★13、私はアンゲルス・シレジウスの『ケルビムのごとき旅人』☆2の抜粋とこの書巻の草稿部分しか持ってくることができなかった。絶え間なく、私は、シレジウスのこの作品は本当に否定神学に属するのかと自問している。私たちは、潜在的にであれ顕在的にであれ、ある言説が否定神学に属していると決定するための確実な基準を自分のものにしているだろうか？　否定神学とはひとつのジャンルではない、それはそもそもなんらかの芸術《アート》、例えば、文学的技巧《アート》ではないからだ。ちょうどライプニッツがシレジウスに関して指摘したように、「難解な隠喩」に満ちた「ドイツ語の詩、しかもとても美しい詩」こそが問題となるにしても、である。マーク・テイラーの表現を取り上げるならば、「古典的な」☆3否定神学というものがあるのだろうか？　それが本当かどうか疑うことはできるし、際限のないこの深刻な問いについては、確かに後で再論する必要があるだろう。（論理的、存在‐論理的、神‐論理〔神‐学〕的であろうとなかろうと）数多くの言説を首尾一貫した仕方で展開させると、否定神学的なものに似た形式や内容をもつ

☆2　Angelus Silesius, *La Rose est sans pourquoi* (extraits du *Pèlerin chérubinique, traduction de Roger Munier*, Paris, Arfuyen, 1988). 訳文はほとんど変更し、古ドイツ語のオリジナル・ヴァージョンを、独仏対訳版 *Cherubinischer Wandersmann* (par Henri Plard, Paris, Aubier, 1946) にあるとおりに転写した。引用されたいくつかの格言はこの版によるもので、ロジェ・ミュニエが *La Rose est sans pourquoi* で提示した抜粋のなかにはない。ミュニエは他方で、*L'Errant chérubinique*（Paris, Éd. Planète, 1970, Préface de Roger Laporte）という表題の完全版も刊行した。〔シレジウスの原文に関しては、『名を救う』の英訳と独訳が依拠しているレクラム版（*Cherubinischer Wandersmann*, Kritische Ausgabe, hg. von Louise Gnädinger, Reclam, 1995）を参照し、デ

結論が不可避的に導かれるのならば、否定神学の「古典的な」境界線はどこにあるのだろうか？　いずれにせよ、この書物の終部、結び（Beschlusz）——ここで私たちは宛先人の問いへと再び導かれる——は究極的な語りかけである。それは言説そのものの結末について何ごとかを語っていて、友への語りかけをなし、送る言葉、挨拶、ないしは別離の終極をなしている。

〔Beschlusz〕
Freund es ist auch genug. Jm fall du mehr wilt lesen,
So geh und werde selbst die Schrifft und selbst das Wesen.

〔結びに〕
友よ、もうこれで十分だ。君がもっと読みたいならば、
行って、君自身が書かれたものとなり、君自身が本質となりなさい。（第六巻263）

女性の友ではなく、むしろ男性の友に対して要求され、勧奨され、厳命され、処方され＝事前に記述〔*prescrire*〕されるのは、読解を通じて、読解の彼方、少なくとも現在読まれうるものの読解可能性の彼方、最後の署名の彼方——したがって他ならぬ書くことの彼方へと赴くこと＝

リダの引用文の文字表記を多少修正した。日本語訳は、『シレジウス瞑想詩集（上・下）』植田重雄・加藤智見訳、岩波文庫、一九九二年を参照した。〕

☆3　Mark Taylor, "nO nOt nO", *Derrida and Negative Theology*, State University of New York Press, 1992, p. 176 et 186.（〔本書の〕「前置き」を参照のこと）〔『ノッツ nOts デリダ・荒川修作・マドンナ・免疫学』浅野敏夫訳、法政大学出版局、一九九六年、六二および七九頁。また、本書の訳者解説を参照されたい。〕

自らがこうした彼方となること〔*se rendre*〕である。書くことの彼方といっても、それは、書くことの外に落ちたあれこれのことを註や注意事項《ノタ・ベーネ》、追伸の形——今度はそれらが、書かれたものの後ろに〔他の誰かが事後的に〕書くことを残したままにする——で書くことではない。そうではなくて、友自身が書かれたものないしは〈書くことそのもの〉になる、友自身が、書くことが後に扱う〔＝後に書かれる〕ことになる本質となることである。ここから始まる場所はもはやなく、彼方の場所はもはやなく、しかも、彼方では私たちには追伸として何も語られはしない。追伸はやがて負債や義務となるだろう。他者が友であることや他者が友となること以外の何ものでもない本質そのものである書くことのなかに、追伸は後に吸収されねばならなくなるだろうし、そうされねばならないだろう。友が友自身のありのままの姿になる、つまり友が友となるのは、ただ、友がこうしたことを読み取る瞬間、すなわち彼方で読解をおこなう——つまり、友が行ってしまっている——瞬間においてである。そして、ひとは書くことを通じて自ら書くこととなることで初めて、あそこに行って、すなわち、彼方に行ってこれに随従するのだ。友となること、書くこととなることといった生成〔＝なること〕（Werden）と本質（Wesen）とはここでは同じことなのだろう。

——なるほど。しかし、さらに読み込むならば、友は書くことを通じて自分を書きながら、自分を〈書くこと〉にしながら〔en s'écriturant〕、こうした本質（Wesen）になるのだろうが、この本質はこうした生成以前には、すなわち、友としての読者に処方された〔＝事前に記述された〕この書くこと以前には何ものとしても存在しなかったことになるだろう。この本質は無から生まれ、無を目指す。先に引いたように、シレジウスはそう語っていなかっただろうか……

——いかなる権利において、これらの警句《アフォリズム》、格言風の断片、詩的な破片を、まるでそれらが三段論法によって連続した織物を形づくるかのように、つなぎ合わせることができるのだろうか？　最後の Beschlusz〔結び〕はなんらかの論証の結論をなすものではなく、別離を告げるための送る言葉である。〔シレジウスの『ケルビムのごとき旅人』において。〕それぞれの言葉は独立している。いずれにせよ、論理、形式、修辞ないしは詩作に関わる問題を立てることなしに、あなたはこれらの言葉をいかなる仕方でも論理的に結び合わせることはできない。こうした遍歴するエクリチュールを哲学や神学の概論のように、説教や賛歌のようにすら扱うことはできない。

——確かに。しかし、やはり同じ書巻には、次のような文章も読まれる。

Nichts werden ist GOtt werden.

Nichts wird was zuvor ist: wirstu nicht vor zu nicht,
So wirstu nimmermehr gebohrn vom ewgen Licht.

〈無〉になることは神となること。
何ものも以前の姿には戻れない。あなたは無になろうとしなければ、
永遠の光によって生まれることは二度とないであろう。（第六巻130）

この生成をどのように考えればよいのだろうか？　誕生と同時に変化、形成と同時に変形であるこの Werden〔生成〕を。無を起点とする、無としての存在への到来、神として、そして〈無〉としての存在への到来、〈無〉そのものとしての存在への到来、前提を欠いたまま自分自身を担う誕生、神――ないしは〈無〉――への生成としての自己への生成、これらは不可能であるようにみえる。不可能なものが可能なもののたんに否定的な様態であるのならば、これらは不可能以上のもの、可能であるもっとも不可能なものであるようにみえる。

――こうした考え方は、「脱構築」と呼ばれるものの経験に奇妙なほど近しいようにみえる。「脱構築」はあるプログラムから法則を展開させ、いくつかの規則を適用する、すなわち、い

くつかの可能なことを敷衍させる、方法的な技術や可能なあるいは必然的な手続きとはかけ離れており、それは不可能なものの可能性、もっとも不可能なものの（不可能な）可能性☆4の経験そのものとしてしばしば定義づけられてきた。こうした条件を、脱構築は贈与☆5、「諾《ウイ》」、「おいで〔viens〕」、決断、証言、秘密、等々とともに分かち合うのだ。そして、おそらくは死とも。

――自己への生成あるいは神への生成としての無への生成、他者を起点とする他者の産出としての生成（Werden）、これはアンゲルス・シレジウスによれば可能なことである。ただし、〔可能なもののたんなる否定としての〕不可能なもの以上に不可能なものとして可能なことである。この「以上」、この彼方、この超過（über）は明らかに、可能なものの秩序と様態に絶対的な異質性を導き入れる。不可能なものの可能性、「もっとも不可能なもの」（「不可能なもの以上に不可能なもの」）――これ自体は可能なものでもある――の可能性は、可能なものの体制のなかに絶対的な中断をしるしづける――この体制はそれでも、こう言ってよければ、そのままであり続けるのだが。シレジウスはこう書いている。

Das überunmöglichste ist möglich.
Du kanst mit deinem Pfeil die Sonne nicht erreichen,

☆4　とりわけ、"Psyché, Invention de l'autre", *Psyché, Invention de l'autre*, Paris, Galilée, 1987, p. 59 et *passim* を参照されたい。

☆5　Cf., J. Derrida, *Donner le temps*, 1. *La fausse monnaie*, Paris, Galilée, 1991.（この主題に対するいくつかの指示参照は九―一〇頁に揃っている。）

Ich kan mit meinem wol die ewge Sonn bestreichen.

不可能なこと以上のことこそ可能である。
あなたはあなたの矢で太陽にたどりつくことはできない。
私は私の矢で永遠の太陽を射ることができる。（第六巻153）

このとき、「überunmöglichste〔不可能なこと以上のこと〕」の「über〔超過〕」はそもそも、「もっとも」や「より以上」といったことも意味しうる。もっとも不可能なもの、不可能なもの以上のもの、というように。

別の箇所を引いてみよう。

〔GOtt ausser Kreatur〕

Geh hin, wo du nicht kanst; sih, wo du sihest nicht:
Hör wo nichts schallt und klingt, so bistu wo GOtt spricht.

〔被造物の外なる神〕

あなたが行けないところへ行け、あなたに見えないものを見よ、なんの物音もなんの響きもしないところで聞け。そうすれば、あなたは神が語りかけるところにいる。（第一巻199）

不可能なものの可能性、「もっとも不可能なもの」の可能性、もっとも不可能なもの以上に不可能なものの可能性、これらはたとえ何も告知しないとしても、ハイデガーが死について「die Möglichkeit der schlechthinnigen Daseinsunmöglichkeit〔現存在の絶対的な不可能性の可能性〕」☆6と言い表わしたことを想起させる。現存在《ダーザイン》にとって、現存在の可能性にとって端的に不可能であるもの、これこそが可能なものであり、そして死はその名に他ならない。これは純粋に形式的なアナロジーなのだろうか？ そしてもし、否定神学が結局、現存在の死すべき性質について語っているのだとしたら？ そしてその遺産相続について語っているのだとしたら？ 否定神学の後で〔après〕、否定神学に即して〔d'après〕書かれるものについて語っているのだとしたら、どうだろうか？ この点についてはおそらく後で再論することになるだろう。

――アポファティックな神秘思想は一様に、死に関する説得力ある言説として、また、言葉を話す現存在――それは自分の言葉だけでなく自分固有の現存在をも奪い去り、中断し、否定

☆6 *Sein und Zeit*, §50, p. 250. このハイデガーの主題に関しては、*Apories (Mourir - s'attendre aux "limites de la vérité")*（一九九三年にガリレ社から出版予定）を参照されたい。〔この著作は実際は一九九六年に出版された。日本語訳は『アポリア 死す――「真理の諸限界」を［で／相］待-期する』（港道隆訳、人文書院、二〇〇〇年）。〕

し、無化するものについて語るのだが——の自分固有の死という（不可能な）可能性に関する言説として読むこともできる。『存在と時間』における〈死に対する存在〉ないしは〈死に向かう存在〉の実存論的分析と、神学的なものや神‐論的なもの、[★14]なかでも、「存在」[☆7]という言葉さえ登場しない神学をめぐるハイデガーの議論——私には、この両者のあいだの整合性は根本的で、その連続性は厳密であるようにみえる。

——この超‐不可能性は先ほどの太陽の特異な晦冥さのなかで、友愛といかなる関係をもっているのだろうか？　友への語りかけとのいかなる関係を？

——語りかけと宛先の問い、（フィリア〔友愛〕や愛徳《カリタス》の諸規定をも越えた）愛と友愛の問いは、私たちを数多くの方向へと導くことだろう。私たちが集うこの場所で、私たちがこの夏、費やすことのできるわずかな時間のなかで、ひとつの問い、たったひとつの問いだけをあえて特権化させてもらいたい。否定神学をめぐるカルガリーの討論会《コロック》の後で、何が私たち二人をここに召集させているのだろうか？　マーク・テイラーは何かを結集させる、ないしは召集するものの経験、gathering〔集合〕の経験について何度も問うている。[☆8]あの討論会はすでに開催された＝場をもった。[★15]私たちはその場にいなかった。討論会とは何人もの他者に語りかけるために赴く

☆7　Cf., “Comment ne pas parler ?”, *Psyché, Inventions de l'autre*,Paris, Galilée, 1987, p. 590 et suiv..〔一九五一年、ハイデガーはチューリッヒ大学の講演で、「存在と神を同一のものとみなしてよいのでしょうか」という学生の質問に対して次のように答えている。「存在と神は同一のものではありません。ですから、私は、存在を用いて神の本質を思考しようなどと試みたことは、一度もありません。あなたがたのうちの何人かはおそらくご存知でしょうが、私は神学部の出身で、神学に対してはつねに愛慕の念を抱いています。私は神学から多くのことを学んだのです。ときおり興味をそそられるように、私がいつかひとつの神学を書かなければならないとすれば、そのなかに「存在」という言葉は現われてはなりません。信仰は存在の思考を必要とはしないのです。」Heideg-

〔se rendre〕場所（約束〔*rendez-vous*〕、シナゴーグ、すなわち、集まるためにひとが出かけていく場所）だ。私たちは希望してはいたけれども、この討論会に直接は参加できなかった。思い出してほしいのだが、それでも私たちはなんらかの形で、多少は遅れようとも、書いたものを通じて、すなわち事後的にこれに参加することを約束した。いずれにせよ、討論会が開催される――つまり、仲間同士で語り合う――可能性は、確かに私たちに予告されていたし、そのタイトルには「否定神学」という言葉が含まれていた。この企画はある条件下でこそ予告されることができた。そこでは、何かを分かち合いたいという欲望が必要とされたのだ。私たちはあらかじめ何を分かち合えていたのだろうか？　そのとき、誰が誰に対して語りかけるのだろうか？　そして、この場合、「友愛」とは何を意味するのだろうか？

――一番初めから、私たちが交わした約束の最初の言葉から――あなたは覚えているだろうか――、私たちは数え切れないほど多くの理由で、長大で詳細な返事という形での追伸は諦めなければならないと思っていた。私たちはこの多くの寄稿論文に見合うほど独創的な議論をとくに諦めねばならなかった。私たちはこれらの論文の博大さと厳密さに、またその多様さに感嘆したし、これからも多くのことをさらに学び、考察する必要がある。即席の返答をしたところで、それはすべて性急で横柄なものとなり、実のところ、無責任でほとんど何も「応答して

ger, *Seminare*, *Gesamtausgabe*, Bd 15, 1978, S. 436-437. デリダ『精神について　ハイデッガーと問い』港道隆訳、人文書院、一九九〇年、七頁も参照。〕

☆8　Mark Taylor, "nO nOt nO", par exemple, p. 168 et 187.〔『ノッツ nOts』前掲、四八および八二頁〕

〔responsive〕」いないことになるだろう。真の追伸をさらに延期する（postpone）必要がでてくるだろう。

——あなたがとくに気にかけているようにみえたのは、あなた自身が私に言ったように、ある感謝〔gratitude〕を証言することだった。この感謝とは、ここで否定神学と呼ばれるものとは無関係ではない意味をもつ感謝であり、アポファティックな運動すべてに今度は脅威を与える転倒、すなわち、忘恩〔ingratitude〕となる危険が今度はない——過度の危険がない——ような感謝である。また次に、おそらくあなたは、しかじかの参加者に、討論会でなされたしかじかの発表に最初から親近感以上のものを、与えられたものにしろ、養われたものにしろ親近感を即座に抱いているのだろう……

——そのことを否定して何になるのだろうか？　だからといって、そのことを指摘したり強調したりして何になるのだろうか？〔討論会の各参加者が〕分かち合うもの、全員に共通する性向、交叉する互いの道筋といったものは、これらのテクストそれぞれ、とくにこの論集〔*Derrida and Negative Theology*〕で出版されたテクストを読んだときからはっきりしている。そして、私は討論会のその他全員の参加者にいまだ一度も会っていないけれども、マーク・テイラーに対する私の友愛、賞賛、感謝が彼の思考や執筆物——この討論会の記録で彼が発表したものも含めて——と切り離せないということもまた本当なのだ。

とはいえ、私は別の「共同体」について話したいと思う（「共同体」という言葉は分与＝参加〔participation〕、さらには自己同一化をうながす融和を含意することがあるので、私はこれまで一度も好きになれなかった。私はこの言葉のなかに約束と同じくらい多くの脅威をみてしまうのである）。この討論会とは別の集合的存在、もろもろの特異性の別の結集、別の友愛——この友愛はおそらくその本質的な部分を集合態や結集に負っているのだが——について話してみたい。私が言わんとする友愛は、そのような出会いを、複数の対話《ポリローグ》そのものを可能にする。「否定神学」はその名の謎やその独自の無意味さを通じてさらに何かを意味するが、そんな否定神学の名のもとで、その名のうちで、その資格で互いに語りかけるように駆り立てられる人たちは、この複数の対話を介して互いに何かを書き記し、互いに読み合うのである。

今日、否定神学という主題について、否定神学の名において、いかにして語ること——すなわち、一緒に語ること、誰かに語りかけること、証言すること——ができるのだろうか？　こうしたことは今日、いかにして生じうる＝場をもちうるのだろうか？「否定の道《ウィア・ネガティーウァ》」が端緒を開いた始まりからかなり経っている今日においてもなお、生じうるのだろうか？　否定神学とは「トピック〔＝場所論的〕」なのだろうか？　否定神学、「否定の道」、アポファティックな言説は一国内的、ヨーロッパ的、ギリシア的、キリスト教的な呼称とともに私たちにいまだに到来するのだが、このことは、いかなる点において、類稀なチャンス、しかも原則として限界のない翻訳可能性というチャンスとなるのだろうか？　普遍言語でも、世界教会運動《エキュメニズム》でも、なんらかの合意《コンセンサス》でもなく、かつて以上に共有されうる来たるべき言語のためのチャンスとなるのだろうか？　まさに否定神学そのものと同じように、ギリシアやキリスト教の世界において支配的な諸規定を、[☆9] フィリアや愛徳の、また、民主主義がもつある確固たる形象の兄弟愛的（兄弟愛主義的）でファロス中心主義的な図式を友愛から差し引いたときに、こうした観点からみて、友の友愛が何を意味しているのか、と問うてみるべきだろう。

――つまり、友愛と翻訳、そして、友愛としての翻訳の経験――まさにこうしたことについて私たちが互いに語り合うことを、あなたはどうやら希望しているようだ。確かに、なんらかのフィレイン〔愛すること〕がなければ、なんらかの愛や友愛がなければ、翻訳されるべき事象、テクスト、他者に向けられたなんらかの「磁愛〔aimance〕」[★16]――あなたならこう表現するだろう――がなければ、翻訳というもの――それがすぐれた翻訳であるかどうかにかかわらず――を、この語の日常的な意味で想像することは困難だ。たとえ憎悪が翻訳者の警戒心を鋭くし、欺瞞を暴くような解釈をうながすとしても、この憎悪そのものは激しい形をとる欲望、関心、

☆9　Jacques Derrida, "The Politics of Friendship", *The Journal of Philosophy*, 35 (11), novembre 1988. ここでは、友愛概念の歴史や主要な諸特徴について現在進められている研究のきわめて図式的な要約が述べられている。〔この研究は後に大著『友愛のポリティックス』（鵜飼哲・大西雅一郎・松葉祥一訳、みすず書房、二〇〇三年）として刊行された。〕

さらには魅了をなおも明らかにする。

――この「討論会」を構成するのは数多くの翻訳の経験であると私には思えるし、ほとんどすべての論者はそれを指摘してさえいる。通りすがりに言っておくと、翻訳（翻訳に先行するであろう原文という出来事の非オリジナル・ヴァージョン）は、あの興味深い追伸の立場《ステータス》、その周りを私たちが円になって回っているような追伸の立場を共有している。

――むしろ追伸のなかで私たちは議論し〔nous débattons〕、悪戦苦闘している〔nous nous débattons〕。いかにして否定神学は、翻訳の練習に似るという危険をつねに冒すのだろうか？　単なる練習に似ているのだろうか？　また、追伸の形式をした練習に似ているのだろうか？　いかにしてこの危険は否定神学にチャンスをも与えるのだろうか？

――あなたが承諾してくれるならば、次のような命題から再び始めてみよう。「ギリシア－ラテン系統の固有言語《イディオム》で「否定神学」と呼ばれるもの、それはひとつの言語表現《ランガージュ》である。」

――ただひとつの言語表現なのだろうか？　ひとつ以上、あるいはひとつ以下の言語表現ではないだろうか？〔「否定神学」と呼ばれるものは〕また、言語表現の本質や可能性そのものを審問し疑うものではないだろうか？　それはその本質上、言語表現を超過するものであり、その結果、否定神学の「本質」は言語表現の外にあるのではないだろうか？　言語表現の彼方にあるのではないだろうか？

――そうかもしれない。しかし、ギリシア－ラテン系統の固有言語で「否定神学」と呼ばれるものは、少なくとも、私たちが言語表現に関して、すなわち、言語表現それ自体に関して今しも明確にしたことをなんらかの様式で言い表わす言語表現である。どうすればこの円環の外に飛び出すことができるだろうか？

――つまり、あなたの言うことを信じるならば、「SはPである」といった型の命題（「（……）TN〔「否定神学」〕と呼ばれるもの、それはひとつの言語表現である」等々）に対する容認されるべき異議は反駁という形をとりえないということになるのだろう。この異議の目的は、命題の誤謬を批判することではなく、その曖昧さ、空虚さ、蒙昧さに疑義を呈することであり、また、その判断の主語も属辞も規定することができない、――ニコラウス・クザーヌス[★17]や何人かの否定神学信奉者がいう高尚な意味で――術学的な無知を証明することさえしないと命題を非難することであろう。この命題（「（……）「否定神学」と呼ばれるもの、それはひとつの言語表現である」）は、厳密に規定されうるいかなる指示参照《レフェランス》をももたない。いま述べたように、指示参照をその主語にも属辞のなかにももたないし、ましてやその繋辞のなかにももたないのだ。というのも、当該の否定神学について私たちがどれほど知らないのだとしても、じつは……

——つまり、あなたはこう白状するわけだ、私たちは否定神学について確かに何かを知っている、私たちは空虚さのなかで否定神学について語っているわけではない、こうした知識がいかに最小限のものでもかりそめのものであっても、私たちは事後的にやって来る。私たちは否定神学を事前に理解しているのだ……

——そうなると、この事前の理解〔pré-compréhension〕とは、まさに私たちがそこから出発しなければならない事実、私たちがその後に措かれるような事実なのだろう。私たちは事実の後にやって来る。だから、「否定の道」の言説の可能性は汲み尽くされているということこそが、私たちに考えるべく残されたことである。実際に、これらの可能性は早急に汲み尽くされてしまっていた。それらはまるで歴史をもつことができないかのように、密かに、しかも即座に自分自身を絶えず排出し尽くしてきた。そんな事情だからこそ、参照資料の手軽さ（ここでは、例えば『ケルビムのごとき旅人』）や事例の希薄化はそもそも深刻な問題となるはずがないのだろう。私たちは砂漠の無味乾燥さのなかにいるように絶対的な範例性のなかにいるのだが、それは〔否定神学の〕本質的な傾向とは形式化による希薄化にこそ傾くからである。貧窮化は厳命なのだ。

――おそらく、もしあなたがこの神学の諸手続きを極限にまで形式化するならば、その言説の可能性は形式的な可能性として汲み尽くされる。これは見たところ、実行可能であり魅力的にみえる。だがそうなると、あなたには何も残されておらず、名や指示参照さえ残されないことになる。あなたが消尽について語ることができるのは、ただ、この完全な形式化という視座においてのみ、そして、「ほとんど無神論へと傾く」あの「難解な隠喩」を、また、ライプニッツがアンゲルス・シレジウスに関して述べるあの詩の美しさを、形式的ないしは概念的な完全さにとって外在的なものとする限りにおいてである。そうすることによってあなたは、ある形式を他の形式に、存在－論的な形式主義という形式を詩学という形式に対立させることになり、形式と内容との問題含みの対立にとらわれたままとなる。しかし、概念と隠喩のあいだ、論理、修辞、詩学のあいだ、意味と言語表現のあいだのこうしたきわめて伝統的な分離は、哲学的な予断＝事前－判断〔pré-jugement〕ではないだろうか？　それは、脱構築されうる、ないしは脱構築されなければならないような予断であるだけでなく、「否定神学」と名づけられた出来事がその可能性そのものにおいて、力強く問いに付すことになる予断ではないだろうか？

――私がただ思い出しておきたかったのは、私たちはすでに事前に理解しているということだ。またそれゆえ、否定神学を命題の「批判」（さしあたり「脱構築」とは言わないでおこう）、動詞「être〔～である〕」の直説法三人称の批判、本質を規定するために〔直説法現在三人称という〕叙法、時制、人称に依存するあらゆるものの批判、簡潔に言えば、存在論、神学、言語の批判として事前に理解した後で、私たちは書いているということである。そうすると、「ギリシア－ラテン系統の固有言語において「否定神学」と呼ばれるもの、それはひとつの言語表現である」と言うことはわずかしか言っていない、ほとんど何も言っていないのであり、おそらく、何も言っていないよりも言っていないのである。

――否定神学はほんのわずかなことしか意味せず、ほとんど何も意味せず、おそらく、ある何かとは別の何かを意味する。そこから、もはや何も汲み尽くしえない状態で何かが汲み尽くされるという否定神学のあり方が生じてくる……

——そうなると、一見基本的であるようにみえる事実＝弁駁書〔*factum*〕、おそらく不確定で蒙昧で空虚ではあるが、しかしほとんど反論の余地はない事実＝弁駁書、つまり、「『否定神学』と呼ばれる」ものに関する私たちの事前の理解、等々について語ることは許されるのだろうか？　今日、私たちがこの〔「théologie négative（否定神学）」という〕一語のもとで同定するものとは、まず何よりも、開かれていると同時に閉ざされており、与えられ、整序された資料体ではないだろうか？　またそれは、その家族的な雰囲気（家族的類似性〔family resemblance〕）によるにしろ、あるタイプの論理－言説的規則性——この繰り返しによって形式化が準備される——に属しているという理由によるにしろ、〔「否定神学」として〕認識されうる言表の総体ではないだろうか？　こうした形式化は機械的になるかもしれない……

——否定神学の言表が定義によって、召命によって空虚になり、あらゆる直観的充実性を空にすればするほど、〔こうした形式化は〕ますます、機械化されうるもの、容易に再生産されうるもの、偽造されうるものになり、偽造や贋金の危険に曝されるようになる。まさに言説の無化《ケノーシス》★18である。充実した直観と、この直観を支える根源的知覚を忘れた空虚な狙い、あるいは象徴的な狙いとを区別するために現象学タイプの規則にしたがうならば、そのとき、アポファティックな諸言表は空虚さの側につく。それらは、顕在的ないしは充実した志向性をもつ意味作用を欠いた文の機械的な反復、さらにはその純粋に言葉だけの反復の側につくし、こうした側につかなければならない。こうした言表はフッサールが危機の契機（根源的で充実した直観の忘却、象徴言語や客観主義の機能の空転）とみなしたものを体現している。しかし、この危機の根源的で究極的な必然性を明るみに出し、直観意識や現象学のまやかしを危機の言語によって告発することで、それらは現象学的批判、すなわちまた存在論的、超越論的な批判の公理系そのものを不安定にする。アポファティックな諸言表にとっては空虚さこそが本質的で必然的なのだ。それらが空虚さを警戒するとしても、それは祈りや賛歌の契機を通じてなされる。しかし、この警戒の契機は、純粋にアポファティックな審級、すなわち、そのようなものがあるとして、厳密な意味での否定神学そのもの——これはしばしば疑問視される——とは構造的に無関係であり続ける。否定神学をめぐるさまざまな出来事の質、強度、力の価値や評価は、したがって、この空虚を祈りによる充実性や、否定され〔nié〕、いわば否認された〔déniée〕（神‐学的、神‐論的、あるいは存在‐論的な）属辞付与による充実性へと連関させるという関係＝釣合い〔rapport〕に左右されるだろう。その基準をなすのは関係＝釣合いという尺度であり、この関係は、否‐認された肯定性[★19]という一方の極を必ずや含む二つの極のあいだに広がっている。

――この恐るべき機械性、つまり、否定神学（あるいはまた、数多くの事例があるが、同じ霊感をもった詩）を模倣したり偽造したりすることのありうべき容易さは何に起因するのだろうか？　私が思うに、それは否定神学の言表の機能そのものが形式化に他ならないからである。形式化は、いかなる内容も固有言語的ないかなるシニフィアンもなしで、いかなる現前化や再現前化もなしで、例えば特定の言語や文化がそうしているように、神のイメージも、さらには神の名もなしで本質的には事を済ませるし、本質的にそうする傾向がある。簡潔に言えば、否定神学は、諸命題が幅広く文書保存されたひとつの資料体として接近される（事前に理解される）がままになる。その命題の論理的な諸様態、文法、語彙、意味論そのものは、少なくともそれ自体で規定されうるものとして、私たちにとってすでに接近可能なのである。

――そこから生じてくるのは、いくつかの法則に従っているために、ジャンルや芸術という規範に従順であるようにみえる諸作品が模範《カノン》や記念碑的作品《モニュメント》に仕立て上げられる可能性だ。こうした作品は数々の伝統を反復し、また、反覆しうるもの〔itérables〕、影響力のあるもの、ないしは影響を与えうるものとして、転移、信頼、専門分野《ディシプリン》の対象として現われる。その証拠に、そこには何人もの師と弟子が登場する。ディオニュシオスとテモテのことを思い出してほしい。いくつもの訓練と養成があり、いくつもの流派が存在するのだ、存在－神学ないしは（より

「ギリシア的な」）否定‐存在論の伝統と同じく、キリスト教神秘思想の伝統においても、その公教的《エグゾテリック》あるいは秘教的《エゾテリック》な形態においても。

——確かに。だから、シレジウスはいかに天才的だったとしても、すでに弟子なのだ。神だけでなく神性も認識を通過するということ、認識されない神の特異性は否定的なものと肯定的なもの、存在と無、事物と非‐事物という対立を失効させる——それと同時に、神学的なあらゆる属辞を超越する——ことで本質や神性をはみ出すということを書き記していた彼も弟子だったのだ。

Der unerkandte GOtt.

Was GOtt ist weiß man nicht: Er ist nicht Licht, nicht Geist,
Nicht Wonnigkeit, nicht Eins, nicht was man Gottheit heist:
Nicht Weißheit, nicht Verstand, nicht Liebe, Wille, Gütte:
Kein Ding, kein Unding auch, kein Wesen, kein Gemütte:
Er ist was ich, und du, und keine Creatur,
Eh wir geworden sind was Er ist, nie erfuhr.

認識されない神
神が何であるのかはわからない。神は光ではなく、霊ではなく、
歓喜ではなく、一者ではなく、神性と呼ばれるものでもない。
知恵でなく、悟性でなく、愛、意志、善意でなく、
存在するものでもなく、存在しないものでもなく、本質でもなく、心情でもない。
神は私であり、あなたであって、いかなる被造物でもない。
私たちが神になる以外には、何が神であるのかを経験することは絶対にありえない。（第四巻21）[★20]

——この次の格言〔第四巻22〕は聖アウグスティヌスに宛てられているが、それはまた、彼が友愛と尊敬を込めて挑戦することのできる隣人、師、先駆者にも宛てられている。「お願いです、わがアウグスティヌスよ、あなたが神を見きわめてくれる（ergründen）まで、ひとは小さな穴（Grüblein）のなかで海全体を見ているのです。」

——アンゲルス・シレジウスには独自の才能があったが、しかし、彼はすでに反復をおこなっ

ていた。つまり、継続、流入〔importer〕、移送〔transporter〕をおこなっていた。彼はすでに事後的に書いていた〔post-écrire〕のだから、転移や翻訳——この語のありとあらゆる意味において——をおこなっていたのだ。後継者たる彼はクリストフ・ケラー[★21]の教えを記憶するために文書資料《アルシーヴ》を保存していた。彼は〔ヨハネス・〕タウラー[★22]、〔ファン・〕ロイスブルーク[★23]、〔ヤコブ・〕ベーメ[★24]を、とりわけエックハルトを読んでいた。

——私があなたのことを正しく理解している（おそらくこれこそが私たちのア・ポステリオリのア・プリオリ、つまり私たちが従事しているこの追伸のア・プリオリである）として、私たちがそこから出発しなければならないこととは、あの驚くべき事実〔fait〕、つまり、すでになされてしまったということ〔déjà fait〕、すっかりなされてしまったということ〔tout fait〕である。何しろ、否定神学はすべてを否定する、ないしは消去し、また、あらゆる述語の徹底的な除去をおこなって、砂漠に住まおうとするのだから……

——砂漠、それはまさに、ライプニッツが語っていた、美しく難解な隠喩のひとつだ。しかし、私はこの隠喩が再び出てくることによって、換言すれば、この隠喩を印璽として再生する型の刻印によって感銘を受けもした。

Man muß noch über GOtt.
[...] Wol sol ich dann nun bin ?
Jch muß noch über GOtt in eine wüste ziehn.

神の彼方へと行かなければならない。
［……］私はいったいどこへ行くべきなのか?
神の彼方の砂漠へと私は行かなければならない。（第一巻7）

あるいはさらに、

Die Einsamkeit.
Die Einsamkeit ist noch: doch, sey nur nicht gemein:
So kanstu überall in einer Wüsten seyn.

孤独。

孤独は必要である。しかし、世俗と交わることをしなければ、いたるところであなたは砂漠にいることができる。（第二巻117）

また別の箇所では、「砂漠の時代」（in diser wüsten Zeit、第三巻184）が問われている。砂漠とはアポリアの逆説的な形象ではないだろうか？　跡がつけられた確固たる通り道はない、とどのつまり、道というものはない。せいぜいあるのは、道として信頼できないようないくつかの道筋、いまだ切り開かれていない道だけだ。もっとも、それらが砂によってとっくに再び覆われていないとしての話だが。しかし、切り開かれていない道とは、道を開くこと、通過すること、それゆえ彼方へと行くこと、すなわち、アポリアを通過するという役割をもった決断や出来事の条件でもあるのではないだろうか？

――そうなると、こうした砂漠にもかかわらず、私たちが否定神学と呼ぶものはひとつの記憶、制度、歴史、学問分野のように成長し育まれるのだ。それは自らの文書資料《アルシーヴ》と伝統をともなったひとつの文化である。それはひとつの言語《ラング》の行為＝記録を蓄積する。とくにこれこそが、「ギリシア‐ラテン系統の固有言語で「否定神学」と呼ばれるもの、それはひとつの言語表現である」という文がおそらく示唆することである。否定神学が、いかなる論理的一貫性＝

存立性〔consistance〕をも捨て去るという主張を通じて、言語表現の諸限界そのもの――その範例を挙げると、命題的、理論的、事実確認的《コンスタティヴ》な言語表現の諸限界――を試練にかけ続けるようなひとつの言語表現のなかに「存立する〔consister〕」ということをいかに思い出そうとも（実際は、この命題を正当に思い出し、このことが保存された記憶の可能性を証明するということを思い出さねばならないのだが）事情は変わらない……

――以上のことからして、否定神学とはたんにひとつの言語表現《ランガージュ》、そして言語表現を試練にかけることであるだけでなく、何よりも言語表現の「本質」のもっとも思惟深い、もっとも多くの要求をともなう、もっとも仮借なき経験なのだろう。それは言語表現に関するひとつの言説、言語表現と言語《ラング》がそれ自身のことを語る、「Die Sprache spricht〔言葉が語る〕」ことを記録するような「モノローグ」（ノヴァーリスやハイデガーがこの語に付与した異質な意味でのモノローグ）なのだろう。そこから生じるのは、しばしばアイロニー的で、つねにアレゴリー的な、詩的ないしは虚構的な次元――それは形式、外見、模像《シミュラークル》……にすぎないという者もいるだろう――である。それと同時に、確かに、この無味乾燥とした虚構《フィクション》性はイメージ、形象、偶像、修辞の告発を目指す。偶像破壊をともなう虚構について考えてみなければならない。

——したがって、定理や事実確認的《コンスタティヴ》な記述の彼方で、否定神学の言説は本質と言語表現を超過することによって「存立する」と言ったところで、証言することによってこの言説は残余しているのだ。

——その場合、「残余する〔rester〕」とは何を意味するのだろうか？　それは「存在」の一様態なのだろうか？

——わからない。まさに、こうした否定神学は何ものでもない〔＝無である〕ということをおそらく意味するのだろう……

——何ものでもないこと〔＝無であること〕、それこそが否定神学の秘密の願い、あるいは公然たる願いではないだろうか？　あなたは、何が否定神学にこのように脅威を与えていると思うだろうか？　私たちの議論は、この神学が（規定されうる）何ものかであって無ではないこと、それが無よりもむしろ何ものかであろうと欲する、あるいは何ものかになることを欲するということをなおも前提としている。ところが、私たちはつい先ほども、否定神学がその反対のことを主張するのを聞いたばかりだ……

——読解の問い、あるいは聴聞の問題だ。いずれにせよ、否定神学は何ものでもない、端的に言って、無であるのだろう。もし、この超過、ないしは（言語表現という点からみた）この剰余が言語表現の数々の特異な出来事の上になんらかのしるしを刻印せず、言語という身体の上になんらかの残余を残さなかったのならば……

——要するに、ひとつの資料体＝身体〔*corpus*〕。

——なんらかの痕跡がこの資料体＝身体に即して残余し、それはアポファーズの（生以上かつ死以上の）生き残り、存在－論理－意味論的な内的な自己破壊からの生き残りとしての資料体＝身体となる。つまり、絶対的な希薄化が生じたことになるのだろう。砂漠が生じた＝場をもったことになるのだろう。この場以外には何も生じなかった＝場をもたなかったことになるのだろう。確かに、先ほど述べた「認識されない神」（Der unerkandte GOtt、第四巻21）、誤解された神、ないしは承認されない神は何も言わない。そんな神について、筋が通ったことは何も語られない……

——その名を除いて……

——筋が通ったことを何も〔rien〕名づけることのない名——ただし、この無〔rien〕の隠れた状態はこの名に挑戦しようとするあらゆる文を運び去るわけではない——を除いて、ましてや神性（GOttheit）さえも名づけることのない名を除いて。「神」とはこうした根底《フォン》なき崩壊《エフォンドルマン》の名、言語表現の終わりなき砂漠化の名「である」。しかし、こうした否定的な操作の痕跡は出来事（到来するもの、★25 何か存在するもの、つねに特異であるもの、こうした無化《ケノーシス》においてその到来や出来のもっとも決定的な条件を見出すもの）のうちに、出来事の上に、出来事として刻み込まれている。こうした出来事こそがある《イリア》のであり、残余する。たとえこの残遺〔restance〕があの神以上に実体的、本質的であるわけではなく、神のあの名——このものにしろ、あのものにしろ、とくに何も名づけていないと言われる名——以上に存在論的に規定されうるわけではないとしても、である。この神は「es gibt〔ある＝それが与える〕」という意味である《イリア》ものではないとさえ言われる。つまり、それは贈与するものではなく、あらゆる贈与の彼方にあるのだ(GOtt über alle Gaben〔あらゆる贈与を超えた神〕、第四巻30)。

——こうしたことは祈りの最中に言われるということを忘れないでほしい。祈りとは何か？

いや、「祈りとは何か?」と言って祈り一般を問うてはいけない。祈り一般を思考し、実際のところ、それを検証してみなくてはならない（こう言ってよければ、他動詞的に、祈りを祈らなければならない）のだ、祈り一般がそのなかで、それに向かって張り詰めているようなまさにこの祈り、この特異な祈りを通じて。だが、この祈りはすべて以上のことを要求しながらも、何も要求しない。それは神に対して、何はともあれ贈与物をいくつか与えることよりも、むしろ神自身を贈与することを要求する。「Giebstu mir dich nicht selbst, so hastu nichts gegeben」（「あなたが私にあなた自身を与えないならば、あなたは何も与えなかったのだ。」〔第四巻30〕）これは神の神性をなおも贈与や贈与の欲望として解釈するものである。そして祈りとはこうした解釈であり、この解釈の本体そのものである。「のうちに」、「の上に」とあなたは言ったが、それは一見したところ、なんらかのトポス〔＝場〕を含意するようだ……

――……あるいは、コーラのようなもの（身体なき身体、不在の身体、しかし唯一の身体、すべての代わりをなすすべての場〔lieu de tout, au lieu de tout〕、間隔、場所、空間化〔espacement〕）を。ついさっきつぶやくように言ったように、コーラについても「その名を除いて」とあなたは言えるのだろうか?　秘密にされたいっさいのものがここで賭けられている。というのも、こうした場所の作用は私たちの存在‐局所論的な偏見、とりわけ空間に関する客観的科学をも転位させ、混乱させるからである。コーラはあそこにある〔être là-bas〕、ただし、あらゆる「ここ」以上に「ここ」にある……

――あなたがよく御存知のように、「否定の道」は、ユダヤ教、ギリシア、キリスト教、イスラム教といったそのほとんどすべての系統において、神への指示参照、神の名を場の経験と結び合わせる。砂漠もまた、純粋な場の形象である。しかし、形象化一般はこうした空間性、言葉がもつ局所性に起因するのだ。

――そのとおり。アンゲルス・シレジウスはこのことを言葉（das Wort）について、すなわち、まさに神の言葉についても書いている。この場合、Wort〔言葉〕をごく単純に神と翻訳する者もいる。

Der Ort ist das Wort

Der ort und's *Wort* ist Eins, und wäre nicht der ort,
(Bey Ewger Ewigkeit !) es wäre nicht das *Wort*.

場は言葉である。
場と言葉とはひとつであり、もし場がなければ、
(永遠なる永遠において! 言葉も存在しないだろう。(第一巻205)

——この場はなんら客観的なものでも、地上的なものでもない。それはいかなる地理にも、幾何学にも、地球物理学にも属さない。そのなかに主体や客体が見い出されるようなものではないのだ。この場の方が私たちのなかにあるのであり、そこから、この場を承認すると同時に、そこから解放されるという両義的な必然性が生じる。

Der Orth ist selbst in dir.
Nicht du bist in dem Orth, der Orth der ist in dir!
Wirfstu jhn auss, so steht die Ewigkeit schon hier.

場所はあなたのなかにある。
場所のなかにあなたが存在するのではなく、場所があなたのなかに存在するのだ!
あなたが場所を捨ててしまえば、すでにこの世が永遠の場となる。(第一巻185)

——永遠性の〈ここ〉(hier) はすでに (schon)、そこに位置づけられる。つまり、すでにそこで、この〈ここ〉は〔引用にあるような〕投射〔jet〕や放棄〔rejet〕を位置づけるのだ (auswerfen〔投げ出す〕の翻訳は難しい。この語は同時に、何かを遠ざけること、除外すること、放棄することを意味するが、それはまずもって、外部に何かを置くような投射であり、外部、すなわち空間＝間隔〔*espace*〕を産出する投射、場を場それ自体から隔離する投射である。すなわち、それはコーラである)。この〈すでに〉を起点としてこそ、追伸は自らの場を——しかも運命的な仕方で——見出すのだ。

——その議論は、まるで応答しているかのように、マーク・テイラーが「テクストのプレテクスト」、つまり、「(つねに) 来たるべきものである〈以前〉」について書いたことにすでに対応している。あるいはさらに、彼が言葉で戯れることなく戯れる、すなわち、言葉を言葉として受け取るとき、例えば、彼が「言葉《ヴォルト》の場《オルト》とは何か?〔What is the Ort of the W-ort?〕」[☆10]と言いながら、他者の言語のなかに場をもつ、あるいは、そこに居を構えるときには。

——出来事は言語表現《ランガージュ》のなかに、そして同時に、言語表現の上に留まり続ける。したがって、

☆10　Mark Taylor, “nO nOt nO”, *op. cit.*, pp. 174-175.〔『ノッツ nOts』前掲、五九―六一頁〕

言語表現の内部と表面――それ自身の外へと開かれ、曝け出され、すぐさま溢れ出してしまう表面――に留まり続ける。出来事は口のなかと上に留まり続ける。フランス語表現にあるように、それは「口元に出かかった＝言語の端にある〔sur le bout de la langue〕★26」ままである、あるいは、神の方へと自らを運ぶ言葉が通過する口先〔唇〕まで出かかった〔sur le bout des lèvres〕ままである。これらの言葉は神へと向かう運送〔*férence*〕（移送〔transférence〕、指示参照〔référence〕、差延〔différance〕）の運動によって運ばれる〔*porté*〕、つまり、外へと運ばれる〔*exporté*〕と同時に隔離されるべく運ばれる〔*déporté*〕。それらは神を名づけ、神について語り、神を語り、神に対して語り、神がそれらの言葉の内で語るがままにさせ、神によって運ばれるがままにする。そして、名それ自体の彼方で名づけるべく名が仮定するもの、すなわち、名の彼方で名づけられうるもの、名づけえない名づけられうるものを（自己）参照する。あたかも名を救済すると同時に、名を除外した〔fors le nom〕★27、名を除いた〔*sauf le nom*〕すべてを救済することが必要であるかのように。あたかも、名を運ぶ＝生み出す〔porter〕もの、ひとが名を通じて向かっていく〔se porter vers〕ものを救済するために、名を喪失する必要があるかのように。しかし、名を喪失することは名を非難すること、名を破壊すること、名を傷つけることではない。逆に、それは名をただたんに尊重すること、名を名として尊重することである。いわば、名を発音すること、とどのつまり、名によって名づけられ、名を運ぶ＝生み出す他者に向けて名を横断することである。名を発音することなしに名を発音することである。名を呼びながら、名を再び呼び（想起し）ながら名を忘却すること、それは結局、他者を呼ぶこと、他者を想起することである……★28

——それはそうだが、しかし、このとき言語表現を、さらには言語表現における名（そもそも、名、固有名、つまり比類なき名は言語表現のなかにあるのだろうか？　そして、この包含された状態は何を意味するのだろうか？）をなんらかの一般性、トポロジー的な形象や図式へと従属させるのはやめなければならない。私たちはここで、この運送によって開かれたまま、指示参照の非適合、知の不十分さや機能不全を表わし、知が知っていると自称するものに対する知の無能力さを表わす言語表現のなかと上で語っている。そのような非適合は、一方で、開け、開口、啓示、認識といったものと、他方で、いかなる顕現とも異質で、かりそめのものではない、ある種の絶対的な秘密とのあいだの共通尺度の不在を翻訳し、暴露する。この秘密は潜在的な知の留保、潜勢態にある顕現ではない。また、否定による献身〔ab-négation〕や放棄の言語表現は否定的なものではない。それは、この言語表現が、記述的な述語付与やたんに否定の形をとった直説法命題（「このものはあのものではない」）の叙法で何かを言い表わしていないからではなく、それが放棄《ルノンス》をおこなうのと同じく告発《デノンス》をおこなうからである。しかも、それは厳命しながら告発し、この不十分さからはみ出すように命じる。「不可能なことをなさねばならない、行くことのできないところに行かねばならない（Geh〔行け〕！）」、と命令を下すのだ。またしても、それは場〔へ〕の情熱《パッション》である。フランス語で表現すれば、行くことが不可能なところに赴くべき理由＝場がある〔il y a lieu de〕（これは「ねばならない〔il faut〕」を意味する）のである。向こう側へ、名の方へ、名のなかにある名の彼方の方へ。名を除いて＝名を救って――残余するもの（男性あるいは女性）の方へ。行くことが可能なところに行ったところで、それは移動や決断ではなく、なんらかのプログラムに沿った責任を欠いた展開でしかないだろう。決断が可能であるならば、それはただ、決定不可能なものや不可能なものの狂気、すなわち、行くことが不可能なところ（wo, Ort, Wort〔ところ《ヴォ》、場所《オルト》、言葉《ヴォルト》〕）に行くことを通じてしかなされない。次の一節を思い出しておこう。

Geh hin, wo du nicht kanst: sih, wo du sihest nicht:
Hör wo nichts schallt und klingt, so bistu wo GOtt spricht.

〔あなたが行けないところへ行け、あなたに見えないものを見よ、
なんの物音もなんの響きもしないところで聞け。そうすれば、あなたは神が語りかけるところにいる。〕（第一巻199）〔二七頁〕

――あなたの見解では、不可能性に立脚したこの規範的な告発、言語表現に対するこの愛情のこもった激高、言語表現によるそれ自身のうちでの、それ自身に抗するこの嫉妬深い怒り、こういったものは、不可能なものが生じる〔＝場をもつ〕場のうちに傷痕のしるしを残しておく情熱《パッション》なのでしょう？　それは向こう側、世界の反対側なのでしょう？　世界の反対側とはやはり世界なのだろうか？　世界のなかにあるのだろうか？　別の世界、ないしは世界の他者、世界を除いたすべて＝すべてが救われた世界〔tout sauf le monde〕なのだろうか？

――その通り、傷はあそこに、向こう側にある。いったい、読解可能なものが何か他にあるだろうか？　傷の痕跡とは他のものが？　そして、かつて生じた＝場をもった何か他のものが？　出来事に関する別の定義をあなたは御存知だろうか？

――しかし、傷以上に読解不可能なものはない、とも言える。私が思うに、あなたの眼からすれば、読解可能性と読解不可能性はこの場において二つのものではない。あなたからすれば、結局この痕跡こそが読解可能なものとなり、何かを読解可能にし、自らを読解可能にする。つまり、言語表現のなかと上で、言い換えると、言語表現の縁で……

——言語表現のなかには縁のようなものしかない……。つまり、指示参照《レフェランス》のようなものしかない。指示参照のようなもの、何ものにも還元不可能な指示参照しかかつて存在しなかったということから、指示対象《レフェラン》——名を除いたすべて＝すべて救われた名〔tout sauf le nom〕——は必要不可欠であると結論づけられることもあれば、必要不可欠ではないと結論づけられることもまたありうる。私は賭けてみたいのだが、否定神学の全歴史はこの簡潔で軽やかな公理にかかっているのである。

——そうなると、「言語表現の縁で」とは、隠退と溢出という同じ二重の運動にしたがう、「言語表現としての縁で」ということを意味するのだろう。しかし、契機や力として、厳命のさまざまな運動が縁の向こう側で、世界の別の側で生じる＝場をもつように、それらが自らのエネルギーを、すでに生じて＝場をもってしまったこと——たとえ約束としてであれ——から引き出すように、読解可能－読解不可能なテクスト、否定神学の格言は追伸のように残余する。それは根本的に追伸〔＝事後－記述〕であり、出来事の後に到来する……

——……私がうまく理解できているとすれば、それは印璽の形をとるだろう出来事だ。証人のいない証人のように、それは秘密による保護へと委ねられた出来事であり、解読しえない署名、略号、文字になっていない素描によって封印された出来事だ。

――封印された出来事は特徴線〔trait〕（引かれた線、Zug〔牽引〕、縁《ボール》〔縁からの〕溢出《デボルダンス》、他者との関係、Zug〔特徴〕、Bezug〔関係〕、運送《フェランス》、自己とは他なるものへの指示参照《レフェランス》、差延《ディフェランス》）の経験に対応する。[★29] 事後とは他者の後にエクリチュールが到来すること、つまり追伸に他ならないのである。

――自分自身との非適合という傷痕《スティグマ》を生み出す、この傷つけられたエクリチュールの痕跡。すなわち、署名され、引き受けられ、要求されたエクリチュールの痕跡……

――……それ自身の度を越した状態の傷痕も、そのように連署〔＝反対－署名〕されたその自信過剰《ヒュブリス》さという傷痕もまた生み出すエクリチュールの痕跡。それは自己同一的で単純なしるしとはなりえない……。

――……あたかもかつてそのような傷痕があったかのように……。

――それは、消えない、消すことのできない、傷つけることのできない署名ではありえないし、ましてや、自己と一体と化した支持体に即して、表面上でそのままの形で読み取ることのできる署名ではありえない。基底材〔＝署名の支持体をなす表面 subjectile〕そのものなどありそうもないままである。こうしたしるしが生じる〔＝場をもつ〕としても、それは、微かで控え目だが、しかし力強い脱－臼〔＝場所の分離〕の運動を通じて、言語表現と呼ばれるものの不安定で分割された縁において生じた〔＝場をもった〕後でのことである。言語表現と呼ばれるものの統一性そのものが、ここでは謎めいた不確定なものとなる。

――かくして、「『否定神学』と呼ばれるものは〔……〕ひとつの言語表現である」という文は、言い過ぎると同時に言い足りない。この文は確実な公理といった知解可能性をもはやもたないし、コンセンサスのチャンス、討論会の憲章、コミュニケーションを確保する空間をもたらすこともはやない。

――この文の信用をまだ失わせることのないようにしよう。導きの糸として、暫定的にこれを保存しておこう。まるで私たちがこの文を、そして、さらに遠くに行こうとする欲望を必要としているかのように。

――アポファティクな神学のどの要素にもこうした軌道のステータス、あるいはむしろ軌道の運動、その不安定さがそなわっているのではないだろうか？　それらは何本もの弓矢、何本もの矢〔trait〕、同じ方向へと発射されるべく狙いを定められた一群の矢に似ていないだろうか？　しかし、矢は矢でしかない。矢はけっしてそれ自身が終わり〔＝目的〕をなすわけではない。矢はそれが狙うものを除いて〔sauf〕、それが的中するものでさえ除いて、さらには、それが傷つけるものを除いたすべてである。こうして、矢が何かに当たったとしてもそれは無傷な〔sauf〕ままであって、矢は的を外すのである……

――シレジウスはまさに、もっとも不可能なことの可能性、もっとも不可能なこと以上のことの可能性（Das überunmöglichste ist möglich〔不可能なこと以上のことこそ可能である〕）を語るときに、このことを見事に表現している。思い出しておこう、彼は次のように明確に述べている。

あなたはあなたの矢で太陽にたどりつくことはできない。
私は私の矢で永遠の太陽を射ることができる。（第六巻153）〔二一六頁〕

――あの命題（「『否定神学』と呼ばれるものは〔……〕ひとつの言語表現である」）を手放さないでおこう。この命題がきわめて明白に意味することにしたがって、その額面通りに、これを問い質してみよう。そして、フィレイン〔愛すること〕の主題へ立ち戻ろう。何なら、むしろ転移や翻訳としての磁愛の主題に戻ろう、と言ってもいい。

――それらの主題はその場所を限定することができない、しかし、先へ行こう。

――それらの場所が限定されうるかのように振る舞おう、とあなたは言いたいのだろうか？ギリシアに由来する哲学や存在‐神学と新約聖書の神学やキリスト教神秘主義という二つの伝統の外では、どうあっても、「否定神学」という表現と厳密に等価なものなどない、と私たちは見かけだけでつい信じてしまう。確かに、これら二つの軌道《トラジェクトワール》、これら二つの矢印で示された道筋《トラジェ》は、私たちが否定神学と呼ぶものの核心において交叉しているのだろう。そのような交叉は……

――ここではすべてが十字形をしていて決定的〔*crucial*〕であるようにみえる。二つの道が重なる十字路、ハイデガーがその下で「存在」という語を抹消したkreuzweise Durchstreichung〔十字形の抹消〕（自分の来るべき神学は「存在」という語なしで済まさなければならないだろう、とハイデガーは言う）★[30]、そうして彼が参照を要求するGeviert〔四方域〕★[31]、今度は〔ジャン＝リュック・〕マリオン★[32]がその下で「神」という語を抹消するキリスト教の十字架（おそらく、神の名を救済する方法、存在－神学的ないかなる偶像からも神を免れさせる方法、すなわち、存在なき神）……

――その通り。二つの線の交叉によっていくつかの角《かど》が形づくられるが、そのうちのひとつに位置する言説の経験を、「否定神学」という表現はともかく頻繁に名づける。そのとき一本の線がつねにもう一方の線に交叉される（crossed）のではあるが、この線は十字路に、この交叉の場に位置づけられる。翻訳、アナロジー、転置、転移、隠喩《メタファー》がどのようになされようとも、ユダヤ教文化、イスラム教文化、仏教文化においては、いかなる言説もこの資格（否定神学、アポファティックな方法、否定の道）をあえて自ら標榜することはなかった。

――この資格は、あなたが引き合いに出したそれらの伝統においてさえ、いかなる著者によっても、彼自身の言説のためにけっして要求されることはなかった、そう確信しているのか？

——私がただ示唆したかったのは、「否定神学」という表現がどこか、国内呼称統制〔ワイン製品にその生産地を明記する制度〕のようにみえる文化的、歴史的地域、つまり、キリスト教哲学——この概念は四角い円という概念と同じくらい気狂いじみて矛盾しているとハイデガーは言っていた[★33]——の地域では、アポファーズはある種の逆説的な誇張法をつねに表現してきた、ということだ。

——それはまたきわめて哲学的できわめてギリシア的な名だ。

——この逆説的な誇張法から、ここでは、ある簡潔な証明に必要な特徴だけを記憶に留めておこう。いや、もっと謙虚に、作業仮説に必要な特徴だけ、と言っておこう。それは次の通りだ。否定神学を歴運的な景観のなかに位置づけ、その固有言語を同定することを可能にするものは、否定神学をその根づきから引き剝すものでもある。否定神学にある固有の場を割り当てるものは、その固有性を剝奪し〔exproprier〕、そうしてこれを普遍化する翻訳の運動のなかに参与させる〔engager〕ものでもある。言い換えれば、それは否定神学をして、もっとも共有されうる言説の境位のうちに参与させるものである。もっとも共有されうる言説の境位、例えば、この対話や討論会のそれにおいては、キリスト教的および非キリスト教的（ユダヤ教的、イスラム教的、ヒンドゥー教的、仏教的、等々）な主題系、哲学的および非哲学的な主題系、ヨーロッパ的および非ヨーロッパ的な主題系、等々が交叉するのである。

――こうした参与のなかに、あなたは、先ほど感謝をこめて――しかも、感謝という話題に即して――自分が語っていたあの特異な友愛にも似た何かを見い出すだろうか？

――わからない。これらはすべて、きわめて予備的なままであって、急がされることもある追伸と同じように、急き立てられている。私が「逆説的な誇張法」という哲学的かつギリシア的な言葉を用いるのは、それはまず、何よりも、プラトンの『国家』のよく知られたくだり★34へと合図を送るためだ。Hyperbolè〔誇張法〕は、存在ないしは存在性の彼方へと、epekeina tes ousias〔実在の彼方〕へと何かを運ぶ、あるいは移送する〔＝超越的に運送する transporter〕という超越の運動を名づける。この過剰な運動、この発射された矢の移動は、「Xは存在するもの、存在、存在性の彼方に『存在する』」と言い表わすように誘う。ここでは〔プラトンにおいては〕Xが〈善〉であるということはさしあたり問題ではない。というのも、私たちは「Xは『存在する』ものの彼方に『存在する』、Xは存在（すること）なく存在する」と言い表わすための形式的な可能性を分析しようとしているからだ。この誇張法は告げ知らせるのだ。それは二重の意味で告げ知らせる。つまり、この誇張法は開かれた可能性を合図で知らせ、またそうすることで、この可能性の開けを挑発するのである。その出来事は啓示的であると同時に産出的であり、追伸であると同時に序説であり、自らが記述した当のものの後に到来する記述であり、だがそれでいて創始的なエクリチュールである。それは到来するものを告げ知らせ、そして、hyper、ultra、au-delà、beyond、über〔それぞれ、ギリシア語、ラテン語、フランス語、英語、ドイツ語で「超越」、「超越」、「彼方」、「上方」などを意味する表現〕をともなうありとあらゆる運動――それは言説を、あるいは真っ先に実存を急き立てるだろう――にしたがって、これから到来することになるものを到来させる。この急き立てこそが、そうした運動の情熱《パッション》なのだ。

――あなたは「実存〔existence〕」と言ったが、私が正しく理解しているとすれば、それは「主体」、「魂」、「精神」、「自我《エゴ》」、さらには「現-存在《ダーザイン》」と言わないためだ。だがしかし、現存在は、存在するものの現在の彼方に行くという可能性によって、存在としての存在へと開かれている。情熱《パッション》とは超越に他ならないのである。

――なるほど。確かに、ハイデガーはそのようにして現存在をうまく理解する。彼はプラトンの〈実在の彼方《エペケイナ・テース・ウーシアス》〉を明示的に引用しながら、現存在の超越の運動を記述している。★35 しかし、そのとき、彼は彼方というものを、否定神学的な意味での存在そのものの彼方としてではなく、存在者の全体の彼方として理解しているようだ。だが、プラトン、プロティノス、新プラトン主義スタイルの誇張法的な運動は、存在の彼方、あるいは、それが（最高存在者として）存在する限りにおける神の彼方へとせき立てるだけにとどまらない。それは、名としての神そのもの、名づけるもの、名づけられるもの、名づけられうるものとしての神そのもの、その名において何ものかに対して指示参照がなされる限りにおける神そのもの、そうした神の彼方に至るまでせき立てることになる。名そのものも、時おり、そこではもはや救われない＝除外されない〔ne plus être sauf〕ようにみえる……

──……もっとも、神の彼方としての彼方はなんらかの場ではなく、神そのもの、存在、本質、固有なものや自己そのもの、神の Selbst〔自己〕や Self〔自己〕、神の神性（GOttheit）を通過する超越の運動である──この神性において、この運動は肯定神学だけでなく、ハイデガーが提起して神論〔*théiologie*〕と呼ばれるもの、神的なものの神性（theion）に関する言説をも通過する。今一度、次のように言っていたアンゲルス・シレジウスのことを思い出してほしい。

Man muß noch über GOtt.

[...]
Jch muß noch über GOtt in eine wüste ziehn.

〔神の彼方へと行かなければならない。
[……]
神の彼方の砂漠へと私は行かなければならない。〕（第一巻7）〔四四頁〕

そしてまた、

Die über-GOttheit.
Was man von GOtt gesagt, das gnüget mir noch nicht:
Die über-GOttheit ist mein Leben und mein Liecht.

神性を超えること
神について語られたことだけでは、私はまだ満足しない。
神性を超えることが、私の生命であり、私の光である。（第一巻15）

——彼方へと自らを運びながら、この運動は存在と知、実存と認識を根底的に分離する。この運動は、（アウグスティヌス的ないしはデカルト的な）コギト〔思惟する私〕が「私が存在するということ」のみならず、「私とは何であるのか」と「私とは誰であるのか」を知るように私をうながす限りにおいて、まるでコギトを破折させるかのようである。ところで、この破折は私にも神にも当てはまる。それは神と私、創造者と被造物とのアナロジーにまでその亀裂を走らせるのだ。この場合、アナロジーはこの分離状態を修復することも和解させることもなく、これをさらに切り離し、さらに悪化させる。

Man weiß nicht was man ist.
Jch weiß nicht was ich bin. Jch bin nit was ich weiß:
Ein ding und nit ein ding: Ein stüpffchin und ein kreiß.

ひとは自分が何であるのか知らない。
私は私が何であるのかを知らない。私は私が知っているものではない。
私は物であり、また物ではない。点であり、円である。（第一巻5）

そしてこの件からさほど遠くないところに、次のようなアナロジー、「wie〔ように〕」がみられる。

Jch bin wie Gott, und Gott wie ich.
Jch bin so groß als GOtt: Er ist als ich so klein;
Er kan nicht über mich, ich unter Jhm nicht seyn.

私は神のようであり、神は私のようである。

私は神と同じくらい大きく、神は私と同じくらい小さい。

神は私を超過することはできないし、私は神の下にいることはできない。（第一巻10）

――これらの詩的な警句ないしは決断的な宣言にみられる二つの能力、二つの声の並外れた結びつきのことが私はつねに気にかかっている。とりわけ、〈私〉がこのような仕方で、神とともにたったひとりで前に出ていると同時に、各人のために語ること、他者のために＝の代わりにあえて証言する（証人のために＝の代わりに証言する）ことを、返答を期待することも議論を懸念することもなく自らに認め、範例として前に進み出ているときには、なおさらそう感じるのだ。私たちがこの対話の冒頭で語ったこととは反対に、これらの揺るぎない言説にはモノローグ主義や独り言めいたものも認められる。つまり、何ものもこうした言説を不安にさせないようにみえるのだ。これら二つの能力は、一方で、根底的《ラディカル》な批判、過度に厳しい批判の能力である。それは、その後には哲学も、神学も、科学も、良識も、最小限の臆見《ドクサ》も、何ものも確証されていないようにみえてくる、そんな批判である。また他方では反対に、私たちがあらゆる議論の彼方に身を置いているのだから、この能力はもったいぶった口調で語る権威であって、その声は、この上なく独断的《ドグマ》な確約の声調でお決まりの評決を機械的に生み出し、あるいは再び生み出す。何ものも、何人もこれに反論を唱えることはできない。何しろ、私たちは、容認された矛盾と要求された逆説という情熱《パッション》にとらわれているのだから。

――これら二つの声にそなわる二重の能力は、つい先ほど私が話した、奪-自己固有化〔ex-appropriation〕や根こぎにされた根づきといったダブル・バインドと関係がないわけではない。一方で、実際にこうした神学は、各テーゼの核心にある自己破壊の原則として否定性を始動させる、ないしは運んでいる。いかなる場合でも、この神学はあらゆるテーゼ、あらゆる信心、あらゆる臆見《ドクサ》を宙吊りにするのだ……

――この点で、この判断停止《エポケー》は懐疑主義の懐疑《スケプシス》や現象学的還元となんらかの類縁性をもつ。そして、私たちが今しも語ったこととは反対に、超越論的現象学は、それがあらゆる臆見《ドクサ》、あらゆる実存の措定、あらゆるテーゼの宙吊りを経る以上、否定神学と同じ境位に宿っているのである。〔両者のあいだで〕一方が他方の良き予備学《プロペドイティック》となっているのだろう。これはかなり驚くべきことではないだろうか？

――お望みならば、そうも言えるだろう。しかし、そのことは私たちが危機の言語表現について語ったことと両立しないわけではない。このことは脇に置いておこう。ともかく、一方で、テーゼそのもののこうした括弧入れは、存在論的ないしは神学的な各命題を、実のところは、各哲学素そのものを破綻させる。この意味で、否定神学の原則は内部反乱の運動にしたがって、見たところ自分がそこに由来する伝統に対して根底的《ラディカル》に異議を申し立てる。それはいわば、原則に抗する原則である。親殺しと根こぎ、帰属の断絶、ある種の社会契約の中断である。国家や国民に関わる権利を与える社会契約の中断、より一般的に言えば、理性的かつロゴス中心主義的な共同体としての哲学的共同性に関わる権利を与える社会契約の中断である。否定神学は根こぎの第二の運動である捻じれや回心を通じて、事後的にそこから自らを引き剝がす。それは、あたかも署名が遺言変更証書で、あるいは契約書の下の追伸で示される後悔の念において、連署されるのではなく反論されるかのようである。こうした契約の破棄は、繰り返し現われる一連のアナロジックな運動、〈実在の彼方《エペケイナ・テース・ウーシアス》〉を標榜する nec plus ultra〔モハヤ彼方ナシ〕という競り上げ全体を、しかも、時として否定神学を自任することないままに（プロティノス、ハイデガー、レヴィナス）編成《プログラム》する。

しかし、他方で、しかもまさに同じ仕方で、こうした誇張法以上に本来の存在－神学的な命令に忠実なものはない。追伸は連－署〔＝反対－署名〕であり続ける。たとえ追伸がこのことを否認するとしても、である。そして、人間や神のあらゆる署名においてそうであるように、ここでは名が必要である。先ほど示唆したように、名がそれが名づけるものの前で自らを消失させるものではないとすれば、そのとき、「名が必要である」〔il faut le nom〕は名が欠けているということを意味するのだろう[★36]。すなわち、名は欠けていなければならず、欠如している名こそが必要なのである。こうして、自らを消失させるに至ることで、名は名そのものを除いて存在するだろう＝名そのものは救われることになるだろう〔*il sera sauf lui-même*〕。もっともアポファティックな瞬間に、ひとは「神は存在しない」、「神はこのものでもあのものでもないし、このものでもその反対物でもない」、「存在は存在しない」等々、と言うが、そのときでさえ、存在者をそのありのままの姿で、その真理――たとえそれがメタ－形而上学的、メタ－存在論的な真理であろうとも――においてなおも言い表わそうとしているのである。是が非でも真理を語ること、証言すること、名の真理へと、名によって、すなわち名の彼方で名づけられねばならないような事象そのものへに随従すること、こうした約束を守ることが問題となっている。名を除いた事象そのもの。その否定の道がひとつの道、ひとつの方法的アプローチ、ひとつの連続した段階にすぎないような、指示参照による超越の運動を記録しようとしているのである。この連続した段階には祈りも、そして愛の証言も含まれるが、しかしそれは、祈りや愛の途上にあって、つねに途中のままの「私はあなたを愛している」である。とくにアンゲルス・シレジウスはこのことを明確にしている。彼は「Man muß noch über GOtt〔神を超えていかなければならない〕」（第一巻7）という格言に、次のように一種の注記ないしは追伸を加えているのだ[★37]。「すなわち、ひとが神について認識しているあらゆること、あるいは、ひとが否定的な瞑想にしたがって(nach der verneinenden beschawung) 神について思考しうるあらゆることの彼方に。これに関しては神秘家たちを参照されたい。」

――ということは、あなたは、『ケルビムのごとき旅人』が否定神学の範疇に入るわけではないと言いたいのだろうか?

――そうだ、もちろん、確実で、純粋で、全面的な仕方で、というわけではないけれども。『ケルビムのごとき旅人』が否定神学に多くを負っているとしても、である。しかし、私はいかなるテクストに関してもこれ以上は言うまい。逆に、否定神学にまったく汚染されていないテクストなど私は信じないのだ。たとえそれが、一見したところ、神学一般といかなる関係をももたない、もとうとしない、もたないと信じているテクストであってもである。否定神学はいたるところに存在するのであり、しかし、けっして単独では存在しない。このことによっても、否定神学は、それが否認するようにみえる哲学的ないしは存在－神学的な約束の空間に帰属し終えることなく帰属する。つまり、つい先ほど述べたように、言語活動にともなう指示参照による超越の運動を記録するのである。また、神の像《イメージ》を越えて、神の偶像――存在はいまだに偶像となるかもしれない――を越えて、神について語られ、見られ、認識されたものを越えて、神をあるがままの姿で言い表わすことである。それは神の真の名に応答すること、私たちが神に認める名や私たちが聞き取る名を越えて神が応答し対応する名に応答することである。こうした目的においてこそ、否定の手続きは〔神に〕適合しないあらゆる属辞付与を拒絶し、否定し、廃棄する。このような手続きがおこなわれるのは、真理の道《ヴォワ》という名において、また、正確な音程《ヴォワ》〔＝的確な声〕で名を聞き取るためである。私たちが今しも語った権威はこの否定の手続きに由来するのであり、その真理の名において、そしてその真理の道《ヴォワ》の上で、この否定の手続きは声《ヴォワ》をあげるのである——そして、この声は自分の口を通じて語る声、すなわち、そうして覆いをとられた、忘却された秘密としてのアレーテイア〔非隠蔽としての真理〕、あるいは約束された適合としての真理である。それは、どんな場合でも神に固有なものを言い表わし、これに立ち帰ろうとする欲望である。

——しかし、もし固有なものの固有性が剝奪〔＝脱自己固有化〕されるべきものであるならば、もし固有なものの固有性が固有なものを何ももたないことであるならば、この固有なものとはどのようなものだろうか？　この場合、「である〔c'est〕」は何を意味するのだろか？

——こうした問いに対して、シレジウスはぬかりなく神の名を正しく提示している。

GOtts Eigenschafft.
Was ist GOtts Eigenschafft? sich ins Geschöpff ergiessen
Allzeit derselbe seyn, nichts haben, wollen, wissen.*

神の固有性。

神の固有性とは何か。それは自らを被造物のなかに注ぎ込み、いつも同一でありながら、何も所有せず、何も望まず、何も知ろうとしないことである。*（第二巻132）

しかし、〔次のように〕追伸は決定的な哲学的正確さを付け加えている。後悔の念から、この命題は、本質と偶有、必然と偶然を対立させる存在論のなかに書き込まれるのである。

*「このことを偶有的に、あるいは偶然の仕方で理解しなさい（Verstehe accidentaliter oder zufffäliger weise）。なぜなら、神が望み、知っているものを、神は本質的な仕方で（wesentlich）知っているからだ。神はそれゆえ、（固有性［あるいは性質］としては［mit Eigenschafft］）もはや何ももたないのである。」

神は「それゆえ、もはや何ももたない」ので、もし神が贈与をおこなうとするならば、プロティノスの〈善〉（『エンネアデス』、第六書、7-15-16-17）[★38]のように、それもまた神がもっていないものである。神は存在の彼方にいるだけでなく、自分の贈り物の彼方にいるのだから（kai tou didomenou to didon epekeina èn）。また、与えることは生み出すことでも、誕生を与えることでもない。

さて、哲学や、存在−神学的な形而上学をその別の縁へと移行させる、内面的であると同時に外面的でもあるこの革命は、哲学の翻訳可能性の条件でもある。哲学はこうしてそれ自身の外に出るために、その言語からはみ出す共通性＝共同性を呼び求め、普遍化のプロセスに着手するのだ。

――哲学をそれ自身の外に出させるものはこうして外部から、絶対的な外部から哲学にすでに到来しているのだろう。だからこそ、この革命は内部的なものにすぎないというわけにはいかないだろう。

――まさにそれこそが、革命が言い表わしていること、アポファーズを用いる神秘家たちや神学者たちが内部で告知される絶対的な超越を語るさいに言い表わしていることだ。これらすべては結局同じことである、あるいはそれと異なることではないのだが、他なるものである。私たちが先ほど哲学的ギリシアについて語ったことは、キリスト教の啓示の伝統《トラディション》ないしはギリシア的翻訳《トラデュクション》にも当てはまる。一方では、こう言ってよければ、キリスト教の歴史の内部で

……

——しかし、先ほどからずっと考えているのだが、あらゆる伝統の自己同一性や自己内面性（形而上学なるもの、存在‐神学なるもの、現象学なるもの、キリスト教の啓示なるもの、歴史それ自体なるもの、存在の歴史なるもの、時代《エポック》なるもの、伝統なるもの、自己同一性一般なるもの、一なるもの、等々）という考えそのものこそがその根幹から異議を唱えられている。

——確かにそうだ。そして、否定神学とはそうした自己との差異をもっとも顕著に反映するもののひとつだ。だからこう言ってもいいだろう。ひとがキリスト教の歴史の内部だと思っているかもしれないもののなかで（また、私たちがシレジウスから読み取ったものは、そのいずれもがキリスト教の啓示をめぐるさまざまな主題によって隅々まで重層的に規定されている。別の引用をいくつか挙げれば、このことは事ごとに証明されただろう）、アポファティックな目論見は、啓示、新約聖書の出来事性に対する逐語的な言語表現全体、キリストの到来、受難《パッション》、三位一体の教義、等々から自らを独立させることに執着してもいる。直接的だが直観を介さない神秘主義、一種の抽象的な無化《ケノーシス》によって、アポファティックなものは、いかなる権威、いかなる物語、いかなる教義、いかなる信心〔croyance〕からも——極限においては、規定可能ないかなる信仰〔foi〕からも解放される。究極的には、こうした神秘主義は事後的に、キリスト教のいかなる歴史からも独立し、罪の観念からも絶対的に〔＝解き放たれつつ〕独立し、離脱しさえしていて、おそらくは赦免されており、贖罪の観念から自由でさえあり、おそらくは贖われている。その結果として、あの〔神秘主義の〕師たち（エックハルトのことを思い出そう）の、潜在的あるいは顕在的な形での勇気と離教、彼らがしばしば苦しんだ迫害、彼らの受難《パッション》＝情熱、あの異端の香り、あの〔異端審問という〕訴訟、神学や〈教会〉の歴史のなかでアポファティックな潮流がもつ価値転覆的な周縁性といったものが生じてくる。

――そうすると、私たちが先ほど分析したことだが、こうした社会契約の破棄、ただし、普遍化のプロセス（ある意味で、啓蒙の精神の一種）としての社会契約の破棄は規則的に繰り返されるものとなるだろう……

――ふつうに、不可避的な仕方で、典型的な仕方で繰り返されている、とほとんど言うこともできるかもしれない……

――……排除されるべき、ないしは犠牲にされるべき離教や異端、ファルマコス〔毒＝薬〕として、受難《パッション》＝情熱の別の形象として。その証拠に、確かに、他方では、しかも同じダブル・バインドの法則にしたがって、離教して根こぎとなったものはキリスト教の使命や約束を、そのもっとも歴史的な部分において完遂すると主張することができる。この使命や約束はこうして、キリストの呼びかけや贈与に——まるでそれがいたるところで共鳴するように——永遠に応答しつつ、そして、それの前で、すなわち神の前で証言するべく自ら責任を負う。（〔「啓蒙」を表わすには仏語の〕Lumières よりもむしろ〔独語の〕Aufklärung の方が適切なのだが、このことは取り上げないでおこう……）

ちなみに、隠されたものにしろ目に見えるものにしろ、隠喩的なものにしろ逐語的なものにしろ（また、アポファティックな警戒という見地からすれば、次のような修辞に重ねられた修辞は、教義が夢遊状態に陥ったかのようにそれ自身で動き出す）、福音書への参照は多くの場合、何かを構成し、消しがたく、処方〔＝事前に記述〕されている。思い出してみよう、聖パウロはどこかで心の割礼について語っていたが★39、それと同様の、例えば、心をオリーブ山に変えるというキリスト教的な内面化を示すあの「形象＝文彩」のことを。

Der Oelberg.
Sol dich deß Herren Angst erlösen von beschwerden,

So muß dein Hertze vor zu einem Oelberg werden.

オリーブ山

主の不安があなたを苦悩から救うのであれば、
あなたの心がまずオリーブ山とならねばならない。（第二巻81）

――しかし、ここではある種のプラトン主義――あるいは新プラトン主義――が必要不可欠で先天的であるとあなたは思わないだろうか？「キリスト教に向かわせるために、プラトン」（『パンセ』ブランシュヴィック版二一九）とパスカルは述べていたが、彼の著述においてアポファティックな弁証法の精髄や機構《マシーン》が認められることはしばしばだろう。

――いたるところで事情は同じであるようだ。そして、シレジウスが心の眼と名づけるとき、ここにプラトンの遺産相続の脈絡をどうして確認しないでいられようか？　しかし、このことは別のところでは、〔プラトンの〕系譜〔＝親子関係 filiation〕なしに再び見出されうる。ひとはつねに親子関係を肯定し、かつ否定することができる。相続された負債を否－認として肯定する、ないしは引き受けること、これこそが否定神学の真理のような親子関係の二重の真理である。

——しかし、創造説を再びプラトン化したり、再びギリシア化するのはなおさら困難なことではないだろうか？　ところで、創造説が数多くのアポファティックな言説の論理構造の一部をなしていることはたびたびある。この資格において、創造説はアポファティックな言説の歴史的な限界でもあるだろう。ただし、歴史的な限界というのは、歴史のなかの限界と歴史としての限界という二重の意味をもつのである。地獄の概念と同様、被造物の概念はアンゲルス・シレジウスには必要不可欠である。彼は私たちに「あなたが行けないところへ行け」と語るが、それはこの格言のいわばタイトル＝資格、すなわち「GOtt ausser Creatur〔被造物の外なる神〕」（第一巻199〔二六－二七頁〕）を展開させるためである。神の固有性《プロプル》が所有物《プロプリエテ》〔＝固有性〕をもたないことであるならば（神とは神が所有するものを除いた〔sauf〕すべてである）、私たちがすでに理解したように、それは、すべてが神に由来するということに由来する。すなわち、神は自らを失い、「被造物のなかに」（ins Geschöpff）流れ出すのである……

——しかし、創造説の教義である代わりに、このことが、創造が自己固有性の剝奪をともなう産出を意味すること、奪－自己固有化が生じるいたるところで創造がおこなわれていることを意味するとすればどうだろうか？　このことのみが創造の通常の概念を再び定義づけるものであるとすれば？· 今一度言うと、神について、あるいは何か他のものについて語られていることを、〈何でもよい何か〉、あるいは〈誰でもよい誰か〉についても語らなければならないだろう。それが誰についての何についての誰の思考であっても重要ではない〔*n'importe*〕。だからひとは、次のような問いに同じ仕方で答えることだろう。「私は誰か？·」「あなたは誰か？·」「他者とは何か？·」「他者としての誰でもよい誰か、何でもよい何かとは何か？·」「まったき他者としての存在者の存在とは何か？·」といった問いに。これらの例はおしなべて適切である。その適切さが不均一であるかもしれないが、それぞれ特異であることをそれらが示しているとしても、である。「誰でもよい誰か」や「何でもよい何か」の「何でもよい〔n'importe〕」は受苦に対するある種の平穏な受苦不可能性〔impassibilité〕へと道を開くだろう。こう言ってよければ、あらゆるものに対して感動する、的確に言えば、任意の差異へと曝された無関心＝無差異を基底とするために感動することのできる過度に鋭い無感覚へと道を開くだろう。こういう仕方で、私は Gelâzenheit〔放下〕の伝統★40をしばしば理解する。この平穏さ——マイスター・エックハルトからハイデガーに至るまで、この主題の執拗な反復をたどることができる☆11——は、それが忘却せずに放棄したり、忘却せずに忘却したりするのでないかぎりにおいて、無関心をともなうことなく存在させるがままにし、放棄することなく見捨てておくのである★41。

☆11 Cf. "Nombre de oui", *Psyché, Inventions de l'autre*, *op. cit.*, p. 646 et suiv.

——その仮説には何の異論もない。あなたは Gelassenheit〔放下〕のことを記述したものの、愛については口に出さないように十分配慮していた。おそらく、この場合、愛とは、この放棄された状態が（触発することないまま）触発しうるあらゆるものの特殊な形象でしかないのだろう。しかし、なぜ、この放下《ゲラッセンハイト》に愛それ自体を、つまり、いわば不可能なものに随従する〔*se rendre à l'impossible*〕あの無限の放棄を承認しないのだろうか？　他者——それは不可能なものである——に随従することは結局、他者の方に向かっていきながら自分を引き渡すこと、敷居を通過することなく他者に到来すること、他者を接近不可能なままにしておく不可視性を尊重し、さらにはこれを愛することである。それはつまり、武器を引き渡すこと＝降伏すること〔rendre les armes〕である。（また、この場合、引き渡すことは完全無欠さを復元し再構成することを、協定や象徴的なもののもとで結集することをもはや意味してはいない。）敗北することなく、戦争の記憶も計略もないままに、〔他者の〕武器に随従することと〔自分の〕武器を引き渡すこと＝降伏すること〔Se rendre et rendre les armes〕。放棄された状態がなおも、誘惑の術策や嫉妬を代補する戦略要素ではないようにすること。さらに、すべては無傷のままにとどまるだろう——そして、他者をあるがままにしておく、否定の道を通過した後の嫉妬のない愛が。私があまり自由自在に解釈を加えないとすれば、否定の道はすべてを放棄した状態、禁欲、一時的な無化《ケノーシス》の運動ないしは契機をたんに構成するだけではない。（愛された）他者が他者であり続けるために、すべてを放棄した状態は作用し続け〔rester à l'œuvre〕（それゆえ営為を放棄し〔renoncer à l'œuvre〕）なければならない。他者とは神ないしは〈誰でもよい誰か〉であり、まさしく任意の特異性に他ならない。あらゆる他者がまったき他者なのである。その証拠に、もっとも困難なこと、さらには不可能なことは、特定の他者が〈誰でもよい他者〉となるために自分の名を失う、あるいは自分の名を変えるということである。感受可能かつ感受不可能であることで、放下《ゲラッセンハイト》は私たちの内で行使され、任意の他者によるこうした無差異＝無関心さにおいて行使される。放下は無差異＝無関心のふりをして作用し〔jouer à〕、戯れることなく〔sans jouer〕、無差異＝無関心を活用する〔jouer de〕のである。[★42] もっとも、このことはある種の静寂主義《キエティスム》ではないにしても、少なくともシレジウスの思想のなかで放下が果たす〔jouer〕役割、また何よりもまず、戯れ〔jeu〕そのもの、戯れの情熱《パッション》が神による創造という思想のうちで必ず果たす役割を説明する。

GOtt spielt mit dem Geschöpffe
Diß alles ist ein Spiel, dass Jhr die GOttheit macht:
Sie hat die Creatur umb Ihret willn erdacht.

神は創造で戯れている。

すべては神性が自らに与える戯れである。

被造物は被造物の意にかなうようにと神性が配慮したのである。(第二巻198)

――このとき、否定神学は、この神の戯れに参加する被造物のもっとも戯れに満ちた形のひとつとしてしか現われることができない。思い出してもらいたいのだが、何しろ、「私」は「神」「のように」あるのだ。この戯れを生じさせる〔=場を与える〕ものの問い、神とその被造物との戯れ、換言すれば、奪‐自己固有化へと開かれた場の問いが残る。「Gott ausser Creatur〔被造物の外なる神〕」〔第一巻199〕という格言においては、場所(wo)を言い表わす副‐詞〔ad-verbe〕が謎の全体を集約している。あなたが赴くことのできないところ、つまり、不可能なところに赴きなさい、ということは、結局のところ、行くあるいは来るための唯一の仕方なのだ。可能なところに赴くことは赴くことではなく、すでにそこに存在していること、非出来事の非‐決断のうちで麻痺することとなのだから。「Geh hin, wo du nicht kanst; sih, wo du sihest nicht: Hör wo nichts schallt und klingt, so bistu wo GOtt spricht.〔あなたが行けないところへ行け、あなたに見えないものを見よ、何の物音も何の響きもしないところで聞け。そうすれば、あなたは神が語りかけるところにいる。(二七頁)〕」この場所(wo)の副詞は神の御言葉〔verbe〕、御言葉としての神の場を言い表わしているし、また、「Der Ort ist das Wort〔場は言葉である〕」(第一巻205)〔五一‐五二頁〕は神の言葉としての場というものを確かに明示している。

——この場は神によって創造されたのだろうか？　それは神の戯れの一部なのだろうか？　あるいは、神そのものなのだろうか？　あるいはさらに、神とその〈戯れ〉を可能なものとするべくこれらに先行するものだろうか？　言い換えれば、この非感覚的な（目に見えない、耳に聞こえない）場が神によって、神の名（それはおそらく、依然として別のものであるかもしれない）によって開かれたのかどうか、あるいは、この場が創造の時間よりも「古い」のか、限定辞なしの時間一般よりも、歴史、物語、言葉、等々よりも「古い」のかどうかが、知るべく残されている。場というものが呼びかけ（応答、応答を呼びかける出来事、啓示、歴史）によって開かれるのかどうか、あるいは、コーラのように、場をもち〔＝生起し〕、この場に取って替わり、この場の内で戯れるものすべて——自らを神と名づけるものも含めて——に対して、何も感受しない仕方で疎遠なままにとどまるのかどうか、（知ることの彼方で）知るべく残されている。このことをコーラの試練と呼んでみよう……

——私たちは選択権をもっているのだろうか？　なぜ、これら二者のあいだで選択しなければならないのだろうか？　そんなことは可能だろうか？　しかし、これら二つの「場」、場の二つの経験、二つの道は、おそらく絶対的な異質性を抱えていることは確かだ。一方は他方を排除し、一方は他方を乗り越え〔passer〕、一方は他方なしで事を済ませ〔se passer de〕、一方は絶対的な仕方で他方なしに〔sans〕存在する。しかし、なおも両者を互いに関係づけるものは、この奇妙な前置詞 sans（without）〔なしに〕、この奇妙な〈なしに－ともに〔sans-avec〕〉や〈ともに－なしに〔avec-sans〕〉である。こうした接合や（非）結合（結合―分離）の論理は、範例主義と呼称しうるものを可能にすると同時に禁止する。それぞれの事物、あなた、私、他者といったそれぞれの存在者、それぞれのX、それぞれの名、それぞれの神の名は置換可能な他のXの例となりうる。これは絶対的な形式化のプロセスに他ならない。あらゆる他者はまったき他者なのである。神の名は、ある言語、ある文、ある祈りのなかで、神のひとつの名、およびいくつもの名の一例、さらには名一般の一例となる。数ある例のなかで最善のもの（しかもそれは必然的に、〈実在の彼方《エペケイナ・テース・ウーシアス》〉に存在している絶対的な善、アガトンのことである）を選択しなければならないのだが、それは例としての最善のものである。最善の例といっても、それがそうであるところのもの、かつ、それがそうではないところのものにとって最善のものであり、それがそうであるところのもの、かつ、それが表象し、取って替わり、例示するところのものにとって最善のものである。だから、（最善のもの）「が必要だ＝ねばならない〔il faut〕」は、存在し存在しうるありとあらゆる「ねばならない」の一例でもあるのだ。

――「ねばならない」は「それは必要である」を意味するだけでなく、フランス語では、語源的に、「それが欠けている」や「〜が欠如している」をも意味する。過誤〔faute〕や機能不全〔défaillance〕といったものともかけ離れているわけではけっしてない。★43

――もしも範例主義が厳命として課せられているならば、それは結合と分離を同時におこない、無差異＝無関心なものも最善のものも、無差異＝無関心なものと同様に最善のものをも脱臼させる。一方の側で、一方の道の上には、深淵にも似て奥深い、根本的な永遠性、ただし、メシア主義一般、目的論的終末論の物語、ある種の歴史的（ないしは歴運的）経験や啓示に通じる永遠性がある。他方の側で、他方の道の上には、底も表面もない深淵という非時間性があり、自分がそうであるところのものではないあらゆるものを引き起こす〔＝場を与える〕（生でも死でもない）絶対的な受苦不可能性がある。実際、ふたつの深淵があるのだ。

――しかし、シレジウスが語る二つの深淵とは第一の深淵の二つの例のことだ。第一の深淵、つまり、奥深い深淵をあなたはまず第一に定義づけたけれども、それは実に、いささかも「第一のもの」ではない。シレジウスはまさにこう書いている。

Ein Abgrund rufft dem andern
Der Abgrund meines Geists rufft immer mit Geschrey
Den Abgrund GOttes an: Sag welcher tieffer sey ?

　深淵が別の深淵に呼びかける
私の精神の深淵は、絶えず叫びをあげて呼びかける、
神の深淵に対して。答えてください、どちらの深淵が深いのですか、と。（第一巻68）

——まさにこうした特異な範例主義こそが固有言語を根づかせると同時に根こぎにする。それぞれの固有言語（例えば、ギリシアの存在‐神学やキリスト教の啓示）はそれ自体のために、そして、それが（いまだあるいはけっして）そうではないところのもののために＝の代わりに証言することができる。しかも、この証言の価値（殉教）[★44]そのものが固有言語（例えば、キリスト教の殉教）の内部で全面的に規定されないままに証言することができるのだ。ここに、自己ではなく他者へと捧げられた証言のなかに、翻訳可能性の地平が生じる——それゆえ、フィリアや愛徳《カリタス》の価値、これらと結びつけられるかもしれないあらゆるものの価値をも越えて、さ

らにはヨーロッパという名のヨーロッパ的な解釈を越えて、友愛、普遍的な共同性＝共通性、ヨーロッパの脱中心化の地平が生み出されるのである。

――「否定神学」（今回、私はこの表現を括弧で括ることにする）をめぐって異文化間での国際的な討論会が組織されうるのはそうした条件においてであると、あなたは仄めかしたいのだろうか？

――例えばそういうことだ。いずれにせよ、こうした企図の歴運的かつ非歴運的な可能性のことを考えなければならない。あなたは、つい一世紀ほど前に、このような討論会のことを想像できただろうか？　しかし、可能のようにみえることは、まさにそのことによって際限なく問題を孕むようになる。この二重の逆説は二重のアポリアに似ている。それは存在－神学とギリシア形而上学とを同時的に否定し再－肯定することである。いくつかの統計が私たちに示しているように、〔キリスト教の〕使命が弱まっていくようにみえるまさにこの時期において、ヨーロッパ内外でのキリスト教の根こぎ状態とその拡張とを同時的に否定し再－肯定することである……

――私は他ならぬヨーロッパで起こっていることについて考えている。教皇はキリスト教の精神――それはヨーロッパの本質そのものであり、その行先なのだろう――に即した統一ヨーロッパの設立あるいは復興を訴えた。教皇は、東側諸国の全体主義に対する勝利がキリスト教の恩寵のおかげで、その名においてもたらされたことを、何回かの旅行を通じて例証しようとしている。いわゆる湾岸戦争の最中、連合した西欧の民主主義諸国は、国際法を語りながらキリスト教的な演説をしばしばおこなった。ここで言いたいことはあまりにたくさんあるが、それは本討論会の主題ではない。

――一方で、こうした否定――再肯定としての否定――は、ヨーロッパの地域性が育んだロゴス中心主義の袋小路に二重に鍵をかけて閉じ込めてしまうようにみえる（そして、この観点からすれば、インドはヨーロッパの絶対的な他者ではない）。しかし、また他方で、まさにこのことが、この内部性ないしは内密さの開かれた縁に働きかけることで、〔内部と外部の〕移行＝通過をそのままにしておき、他者をそのままにしておく、

――「そのままにしておく〔laisser〕」とは翻訳の難しい語だ。翻訳者たちはこの語をどのように翻訳するだろうか？　私たちが互いに別れなければならないときに、すぐさま思い浮かぶ文

(これで失礼します〔je vous laisse〕、私は出発します、私は立ち去ります〔I leave〕)のなかにみられる「to leave」だろうか、それとも、「to let」だろうか?

——この場合、他ならぬドイツ語の固有言語にこそ、助けを求めなくてはならない。シレジウスは、先ほど指摘したようにエックハルトから少なくともハイデガーに至るまで続く放下《ゲラッセンハイト》の伝統のなかで執筆している。すべてをそのままにしておかねばならない。すべての「あるもの〔quelque chose〕」を神の愛によってそのままにしておかねばならない。そしておそらく、神それ自体をそのままにし、これを放棄しなければならない。いわば、神のもとを去ると同時に(しかし)、(〈あるもので在ること〉の彼方で存在するように)神をそのままにしておかねばならない。その名を除いて——神がこの名に到達すべく、すなわち、自分自身の消失へと到達するべく自ら赴くところでは、この名については沈黙していなければならないのである。

Das etwas muß man lassen.
Mensch so du etwas liebst, so liebstu nichts fürwahr:
GOtt ist nicht diß und das, drumb laß das Etwas gar.

あるものといったものはそのままにしておかねばならない。

人間よ、あるものを愛するとき、あなたは本当は何も愛していない。

神はこれとかそれとかいったものではない。だから、あるものといったものはそのままにしておきなさい。（第一巻44）

あるいは、

Die geheimste Gelassenheit.
Gelassenheit fäht GOtt: GOtt aber selbst zulassen,
Jst ein Gelassenheit, die wenig Menschen fassen.

もっとも秘密の放下。
放下は神を把握する。だが、神自身はそのままにしておく、
それこそがわずかな人間だけが把握する放下である。（第二巻92）

この放下《ゲラッセンハイト》による放棄、この放下に対する放棄は、快楽や喜びを排除しない。逆に、それ

らを引き起こす〔＝場を与える〕のである。この放棄は神の戯れ（すなわち、神の、かつ神とともになされる戯れ、神自身とともに、かつ被造物とともになされる神の戯れ）を開く。それは神の享受への情熱《パッション》を開くのである。

Wie kan man GOttes genissen.
GOtt ist ein Einges Ein, wer seiner wil geniessen,
Muß sich nicht weniger als Er, in Jhn einschliessen.

どうすれば神を享受することができるのか。
神は唯一者である。神を享受しようと欲する者は、
神のなかに閉じこもるよりほかに途はない。（第一巻83）

——他者への、まったき他者への通路＝移行をそのままにしておくことこそが歓待に他ならない。それは二重の歓待である。バベル（塔の建設＝構築、普遍的な翻訳への呼びかけ、それだけでなく、名、言語、固有言語の暴力的な強要）の形をした歓待、かつ、バベルの塔の脱構築〔＝解体〕という歓待（〔前者の歓待とは〕別のものだが同じもの）である。これら二つの目論見は無味

乾燥とした形式化という砂漠の彼方で、すなわち、エコノミーそのものの彼方で、普遍的な共同性＝共通性へのある種の欲望につき動かされている。しかし、両者は自分が避けようとする当のもの、つまり、手に負えないもの＝取り扱いえないものそれ自体を取り扱わなければならない。神の欲望、欲望の別の名としての神は、砂漠のなかで徹底した無神論と取り引きをするのだ。

――あなたの話を聞いていると、次第に、砂漠〔*désert*〕は欲望〔*désir*〕の固有の場とは言わぬまでも、欲望の別名だという気がしてくる。そして、先ほど仄めかしたように、時おり神託めいたアポファーズの口調が砂漠のなかでしばしば鳴り響いている――ただし、このことは砂漠での説教をつねに意味するとは限らないのだが。

――普遍言語へと向かう運動は、〔一方で〕形式主義、あるいはこの上なく貧弱で、この上なく無味乾燥とした、実際この上なく砂漠に似た科学技術性と、他方で、不可侵の秘密や、翻訳しえない印璽としてしか絶対に翻訳されえない固有言語の詰まった、一種の普遍的な坩堝のあいだで揺れ動いている。この揺れ動きのなかで、「否定神学」は同時に、把握され《プリーズ》、理解され《コンプリーズ》、理解可能なものとなる。しかし、バベルの物語（建設と同時に解体〔＝構築と同時に脱構築〕）はなおもひとつの歴史＝物語である。しかも、あまりにも数多くの意味で満たされた歴史＝物語である。この場合、目に見えない境界はバベルの計画とその解体〔＝脱構築〕のあいだというよりも、バベルの場（出来事、Ereignis〔出来〕、歴史、啓示、終末－目的論、メシアニズム、語りかけ、行先、応答と責任〔＝応答可能性〕、構築と脱構築）と、脱構築しえないコーラのような、〈もの〉を欠いた「何ものか」とのあいだを通過するのだろう。このコーラは試練を経て自らに先行しており、あたかもコーラ自身とその分身という二者であるかのようである。このように、バベルを生み出す〔＝場を与える〕場は脱構築不可能なものだろう。それは、内部や外部からのあらゆる解体〔＝脱構築〕から保護されて、その土台が確固たるものである構築のようにではなく、脱－構築という間隔化そのもののように脱構築不可能だろう。まさにここで何かが起こるのであり、これらの「もの」、例えば、否定神学とその類同物《アナローグ》、脱構築とその類同物、この討論会とその類同物と呼ばれる「もの」が存在するのである。

——こうした「アナロジー」のうちに安らいながら、あなたは何が言いたいのだろうか？　否定神学がある種のアナロゴン〔類似物〕や一般的な等価物をなしているようなものの転移や翻訳のなかに、また、このアナロゴンをそのギリシアやキリスト教のエコノミーから引き剝がし、それでいてそこに送り返すという翻訳可能性のなかに、何か特異なチャンスがあると言いたいのだろうか？　このチャンスは、共同性のなかで失われないような何かを、今日、なしている特異性というチャンスである、と？

——おそらく。しかし、私はまだ、人間的な共同性や特異性、さらには神人中心主義的な共同性や特異性については語らないだろう。〔ハイデガーのいう〕Geviert〔四方域〕においては、「動物」と呼ばれるものは沈黙したまま過ぎ去っていく死すべき存在であるのだが、そんなGeviertについてさえ語らないだろう。[★45]確かに、今日、否定の道はおそらく、（今日、国際法と呼ばれるものの彼方で——国際法はきわめて肯定的な事象だが、依然として国家や法権利のヨーロッパ的な概念にあまりにも依存しており、それゆえ、特定の諸国家のためにあまりにもたやすく事態を臨検して〔＝理性に従わせて〕しまう——）法＝権利やその他の普遍的な平和条約のチャンスのように、もっとも共通の砂漠のなかへと至る固有言語の通路のことなのだろう。それはいずれにせよ、約束や告知のチャンスなのだろう。

——あなたは、今日、否定神学の「政治」や「法＝権利」が存在するとまで言い張ろうとしているのだろうか？　この神学の可能性から引き出されるべき法的、政治的教訓が存在すると？

――いや、プログラムや前提、公理のように引き出されるべき、演繹されるべきだと言っているのではない。しかし、この可能性なしには「政治」も、「法＝権利」も、「道徳」も存在しないことだろう。まさにこの可能性によって、私たちは今後、これらの言葉を括弧に入れるように強いられる。それらの意味が動揺することになるのだ。

――しかし、あなたは同時に、「なしに〔sans〕」と「なしに～はない〔pas sans〕」が、言い表わしたり理解したりすることがもっとも困難な言葉、もっとも思考しえない、あるいは、もっとも不可能な言葉であるということを認める。例えば、シレジウスが次のような格言の遺産相続を私たちに残しておくとき、彼は何を言おうとしているのだろうか？

Kein Todt ist ohn ein Leben.

いかなる死も生なしにはない。（第一巻36）

またさらに、

Nichts lebet ohne Sterben.
GOtt selber, wenn Er dir wil leben, muß er sterben:
Wie dänckstu ohne Tod sein Leben zuererben.

　死ぬことなしに生きるものはない。

神自身も、あなたのために生きようと欲するならば、死なねばならない。

死なしに神の生命を相続するなどと、どうしてあなたは考えているのか。（第一巻33）

――かつて、遺産相続についてこれ以上奥深いことが書かれただろうか？　私はこれを遺産相続することが意味するものに関するテーゼとして理解する。また、名を与えることと名を受け取ることが意味するものについてのテーゼとしても。名を除いて＝救って――。

――そう、「なしに」と同様、遺産相続――お望みならば、親子関係と言ってもいい――は、思考すること、「生きる」こと、「死ぬ」ことがもっとも困難なものだ。ただし、忘れないでほしいのだが、シレジウスのこの格言、とりわけ、その前後に配されたいくつかの格言（第一巻、三〇、三一、三二、三四等）にはキリスト教的な意味があり、格言三一と三二（「神は私たちのなかで死に、生きる。私が死に、生きるのではない。神自身が私たちのなかで死ぬのである」、等々）の補遺では聖パウロが引用され、いかにして読まなければならないかが説明されている。それは聖パウロを読解しながら読むことを教示しているのであって、他の仕方ではない。キリスト教の読解や自己解釈の追仲は、『ケルビムのごとき旅人』の視点全体を統括しているのかもしれない。さらには、「GOtt mag nichts ohne mich.〔私なしには神は何もできない〕」（第一巻96）も「GOtt ist ohne Willen.〔神は意志なく存在する〕」（第一巻294）も含めて、また、ハイデガーが望むと望まないとに関わらず、「Die Ros'ist ohn warumb...〔薔薇は何故という理由なしに存在する〕」（第一巻289）の「Ohne Warumb〔何故という理由なしに〕」[★46]も含めて、あらゆる「なしに」の視点全体を統括しているのかもしれない。かりにハイデガーが望まないとすれば、別の追仲を彼に書かねばならない。それはいつでも可能なのだが、遺産相続の別の経験を表現する追仲を、だ。

「なしに」の困難さは、なおも政治、道徳、法＝権利と呼ばれるもの、アポファーズによって脅威に曝されるとともに約束されるこれらのもののうちで伝播する。民主主義、民主主義の理念、来たるべき民主主義（カント的な意味での〈理念〉でも、民主主義の限定され、規定された、顕在的な概念でもなく、約束の遺産相続としての民主主義）という例を挙げよう。私たちはきわめて図式的に否定神学を分析してきたが、民主主義の道は、今日、世界中で、否定神学が孕むいくつものアポリアを――いわばそれらを横切るように――おそらく通過するのである。

——どうやって道はいくつものアポリア〔難問＝通路の欠如〕を通っていくことができるのだろうか？

——アポリアのない道とはどのようなものだろうか？　道が切り開かれていないところ、道が遮断されている、あるいはさらに、道なき状態で埋もれているところで道を開くことなしに、道というものはあるのだろうか？　私は、決断が不可能にみえるところで決断するという必然性なしに、道《ヴォワ》を考えることなどできない。決断がすでに可能であり、プログラムされているところでは決断は生じない、それゆえ、責任は生じない。そうでなければ、こうした事象についてひとは語ろうとするだろうか、語ることだけでもできるのだろうか？　このための声《ヴォワ》があるのだろうか？　名が？

——このとき、語ること、ないしは歩くことの可能性は不可能にもみえることは認めてほしい。それはともかくあまりにも困難なので、アポリアを通じたこの通過は第一に、秘密のように、若干の人々にのみ（おそらく）割り当てられているようにみえる。こうした秘教性は民主主義にとって奇妙なものにみえる。否定が神を定義づけないのと同様にあなたは来たるべき民主主義を定義づけないわけだが、この秘教性はそうした来たるべき民主主義にとってさえ奇妙にみえる。その〈来たるべき〉ということは、嫉妬をともないながら少人数の者によって思考され、見張られ、わずかに教えられる。まったく得体の知れないことだ。

――理解してほしいのだが、問題は二重の厳命を維持することなのだ。競合する二つの欲望は非‐欲望の縁で、コーラの交叉配列《キアスム》とカオスの周りで、アポファティックな神学を分割する。一方の欲望は、すべてのひとに理解されたいという欲望（共同体＝共通性、共通語《コイネー》）である。また、もう一方の欲望は、秘密を秘密として正しく聞き取る＝理解する人々、しかも秘密を守ることのできる、あるいは守るに値する人々からすればきわめて厳密な限界内で秘密を守る、あるいは秘密を打ち明けるという欲望である。秘密は、民主主義や民主主義の秘密と同じように、誰でもよい誰かに遺産として託されるべきではないし、そもそも託されえない。再び、範例の逆説である。〈誰でもよい誰か〉（任意の例、つまり、サンプル）はまた、良き手本を示さなければならない。理解してほしいのだが――そう言いながら、私はまたもやシレジウスの引用を、「至福の沈黙」（Das seelige Stilleschweigen. 第一巻19）という格言に付加された一種の追伸から引用をおこなっている。沈黙を、他の箇所にあるように、放下《ゲラッセンハイト》を正しく理解することが問題となっているのである。

Wie seelig ist der Mensch, der weder wil noch weiß !

〔神を〕求めようとも知ろうともしないひとは何と幸福なのだろう！

また、追伸の形をした注意事項《ノタ・ベーネ》には次のようにある。

Der GOtt (versteh mich recht) nicht gibet Lob noch Preiß.

神には（よく理解してください）讃美も称賛も与えない。

また、あなたは覚えているだろうが、「若干の人々」だけが範例的な放下《ゲラッセンハイト》を把握できる状態にある（第二巻92）〔九五頁〕。それは、神を把握するだけでなく、神を放棄する術を心得ているということだ。若干の人々に割り当てられた、もっとも洗練された、もっとも稀な秘密とは放下の秘密であって他者の秘密ではない。この放下の秘密であって、放下に類似したそれとは別のものの秘密ではない。この〈他者をそのままにしておくこと〔ce laisser-l'autre-ci〕〉の秘密であって、他者の秘密ではないのだ。こうした放棄の平穏さは、どこから〈何によって？　誰によって？〉与えられるのだろうか？　あらゆる知の彼方で、神《アデュ》に何も贈与しないこと、別離の言葉《アデュー》さえ、神の名に対してさえ贈与しないこととしてなおも理解されるだろうこの平穏さは？

――名を与えること、それはなおも与えることだろうか？　あるものを与えることだろうか？　また、与えるとすればつねに、例えば神やコーラといった綽名〔＝上につけられた名〕とは別のものではないか……

――このことに関して疑念を抱く向きもあるかもしれない。何しろ、名は何ものでもなく、いずれにせよ、名が名づける「もの」でもなく、「名づけうるもの」や名づけられたものでもないのだから。それだけにとどまらず、他者を束縛し、隷属させ、拘束すること、呼ばれたものと結びつけること、また、あらゆる決断や熟慮より以前であっても、あらゆる自由より以前であっても応答するように他者に呼びかけること、そういった危険を名は冒そうとするのだから。割り当てられた情熱《パッション》、約束と同じように処方された結束だ。にもかかわらず、名が本来的な仕方で、かつ厳密な意味で名を受け取る者に帰属しないならば、名は、すでに最初の瞬間から、名を与える者にも帰属してはいない。これまで以上にうまく言うと、つまり、プロティノスからハイデガー――プロティノスのことは引用していない――、ラカン――前二者のどちらも引用していない――に至る私たちの伝統に付きまとう定式[☆12]にしたがって、名の贈与は名がもたないものを与える。名の贈与は、あらゆるものに先行して本質をおそらく構成するもの、言い換えるなら、存在そのものの彼方で贈与の非本質を構成する当のものを与えるのである。

――最後の質問。おそらくもっとうまい仕方で予感するひともいるだろうが[★47]、アンゲルス・シレジウスは「古典的な」あるいは正典的な否定神学の総体例を代表しているわけでも、さらには最良の例を表現しているわけでもないだろう。なぜ、結局すべては彼のところに帰着するのだろうか?

――ここでは、歴史=物語が有する偶有性ないしは偶然を信じなければならない。歴史=物語を、お望みならば、この夏、私に起こった自伝的な命運を、と言ってもいいだろう。贈られたある書物、『ケルビムのごとき旅人』(のわずかな抜粋のみ)を選んで、私はこの家族の場所に

☆12 プロティノスに関しては、本書八三頁〔七七頁〕を参照。ハイデガーとラカンに関しては、*Donner le temps, op. cit.*, pp. 12-13, n. 1. を参照されたい。〔例えば、ラカンの『エクリ』には次のように書かれている。「かりに愛がひとがもっていないものを与えることだとすれば、精神分析家は愛以外に主体に与えるべきものを何ももたないのだから、主体が自分には愛が与えられるものと期待するのはしごく当然のことである。」(Lacan, *Écrits*, Seuil, 1966, p. 618.『エクリ(Ⅲ)』佐々木孝次他訳、弘文堂、一九八一年、四九頁)、「かくして、埋め合わせる機会を〈他者〉に与え、また、〈他者〉にも存在が欠如しているがゆえに、本来〈他者〉がもっていないものこそが、愛と呼ばれるものである。」(ibid., p. 627. 前掲、六二頁)他にも、ibid., p. 691,

持参し、母を看病した。母は静かに私たちのもとを去ってしまい、もう誰の名前も呼ぶことができない。シレジウスは依然として私のまったく見知らぬ者のままであるのに、彼は私にとってますます親しい存在になり、さらに、友愛を感じさせる存在になり始めた。今日は引用しなかった箴言がきっかけで、最近も、私はまるで秘密裡にそうするように彼の方へと戻っていった。おまけに、旅行中、この書物はほとんど場所をとらない（わずか七〇頁ほどだ）。すでに十分に語ったように、否定神学とはもっとも経済的な形式化のことでもあるのではないだろうか？ 可能なもののもっとも強大な力ではないだろうか？ ほとんど汲み尽くしえない言語表現の、かくも数少ない言葉による貯蔵ではないだろうか？ どこまでも省略的で、寡黙で、地下墓所のように秘密の〔cryptique〕文学、それでいて、あらゆる文学から頑なに引き籠っていて、それが赴くようにみえるところにこそ接近できない文学、そこには、情熱《パッション》がそれ自身の彼方へと駆り立てる嫉妬の高揚がある――文学は砂漠のために、あるいは流謫のためになされると思う向きもあるだろう。この文学は欲望をかり立て続ける。それはつねに過度に語りながら、あるいは過少に語りながら、そのつど、けっしてあなたのもとから立ち去ることなく、あなたをそのままにしたまま、あなたと別れる〔vous laisser〕のである。

ニース―ベルリン、一九九一年八月

695（前掲、一五九頁）に同様の表現がみられる。また、ハイデガーの「アナクシマンドロスの箴言」には次のようなくだりがある。「与えるとはここではどういうことか。非節理のなかに現成するその都度暫時のあいだのものは、いかにして節理を与えることができるというのか。それは所有していないものを与えることができるのか。もしそれが与えるとすれば、それは節理をまさしく手離してはいないか。その都度の暫時のあいだ現前するものは、どこへ、またいかにして節理を与えるのか。」（『杣道』茅野良男・ハンス・ブロッカルト訳、創文社、一九八八年、三九九頁）

訳註

★1――本書の表題「sauf le nom」は翻訳の決定不可能性をともなう表現である。

フランス語の形容詞・前置詞 sauf はラテン語 salvus（健康な、無傷の）から派生した言葉である。その語根 sal（あるいは sol）はインド＝ヨーロッパ語族では「全体」という含意をもち、salvus は何らかの損傷から「全体」が免れて存続することを意味する。〔ちなみに、この語根 sal からギリシア語 holos（全体）が派生した。catholique（カトリック）や holocauste（ホロコースト）はこの holos からつくられている。〕

sauf は形容詞としては、「ある深刻な危機を免れた状態、危うく死にそうになったもののまだ無事に生きている状態」を含意し、人間であれ事物であれ「無事な、（生命が）助かった、無傷の」といった意味がある。また、sauf は前置詞として、「～を除いて、～を別にして」をいう意味で用いられる。ひとつの集合におけるある部分の差異や例外性を sauf は指し示すのである。

また、ラテン語 salvus の関連語には、「誰かの健康や繁栄を祈念する振る舞い」という含意から、saluer（挨拶する、敬意を表する）や salut（挨拶、敬礼）がある。salut はユダヤ－キリスト教的、仏教的な意味での「救済、救霊、安泰」をも意味し、これは「原罪や劫罰を免れた存在者が永遠に祝福される全的状態」のことである。

こうしたことを踏まえると、「sauf le nom」はまず「名を除いて」と訳され、名の例外性を表わす表現として解釈される。デリダが「tout sauf le nom」〔本書五七、五八頁〕と書くとき、それは「名を除いたすべて」ということになる。また他方で、sauf を形容詞「無事な」の意味で訳すこともできる。ただ、フランス語では「le nom sauf」（無傷の名、救われた名）と形容詞が後置されるのが通例なので、「sauf le nom」を正確に表現すると「救われた、名」となるだろう。「tout sauf le nom」は「名を除いたすべて」と同時に「すべて救われた、名」を意味する。いずれにせよ、「sauf le nom」という両義的な表現のうちに、名の例外性や異例性と名の救済や無傷な状態とが共鳴していることに留意されたい。(英訳では、save にちょうど動詞「救う」と前置詞「〜を除いて」の両方の意味があるため、save the name となっている。ドイツ語訳では außer dem Namen とされ、sauf は必要に応じて unversehrt(無事な)/ausgenommen(除外された)と訳されている。)

ちなみに、デリダは sauf という言葉について、かつて次のように指摘していた。「それは力強いかつ隠された言葉であり、一語以上ないしは一語以下であり、形容詞でも前置詞でもなく、形容詞かつ前置詞であり、ときおりほとんど名詞のようであり、言語表現がもたらす例外であると同時に、言語表現を大いに活用し、これを通じて何かを魅了するような例外だ。」〔*Parages*, Galilée, 1986, p. 85〕

★2 ——— apophase, apophasis はともに、ギリシャ語 apophanai(否と言う、否定する)に由来する。apophanai は、「欠如、否定」や「分離、遠隔」を示す接頭辞 apo- と動詞 phanai(語る)からなる言葉である。apophase, apophasis は、通常の認識手段によっては知りえないものを、それを否定することを通じて認識しようとする反語的否認である。シェイクスピアの『シーザー』で、「ブルータスの言葉を論駁するために語るのではない。ただ自分が知っている事実を話すためにここにいるのだ」と言ってアントニーがブルータスを次々に論破していく弁舌はその好例である。否定を際立たせることで肯定を示唆するこうした皮肉法は、レトリック用語で「陽否陰述」と言われる。théologie apophatique は「否定神学」を指し、théologie cataphatique(肯定神学)と対立する。

★3 ———アンゲルス・シレジウス(一六二四—七七)は、ドイツ・バロック時代の神秘主義的宗教詩人。本名はヨハネス・シェフラーで、アンゲルス・シレジウス(シレジアの天使)は筆名である。オランダのライデン大学で医学を学び、そのときに、ヤコブ・ベーメやエックハルト、タウラーなどの神秘主義思想に関心を抱く。

その後、イタリアに移り、パドヴァ大学で医学の最後の仕上げを目指していたころ、カトリックのミサや祭りに参加して、故郷のカルヴァン派の簡素な儀式との違いに驚き、カトリックの方に親近感を抱くようになる。医学博士の学位を取得して郷里に戻ったあと、一六五三年にローマ・カトリックに改宗して詩作活動を始める。ルター派の激しい非難を浴びるなか、極度の禁欲生活のなかで瞑想と祈りに徹し、閃いた神秘的霊感を詩句として書き留めた。代表作には、『聖なる魂の喜び』(一六五七)、瞑想詩集『ケルビムのごとき旅人』(一六七五)、がある。ライプニッツはシレジウスより年下の同世代人で、『ケルビムのごとき旅人』のことを知っていて、自分の著作と書簡のなかで彼のことをたびたび引用している。

★4――クリナーメンの原義は「傾斜」や「逸脱」といった意味で、エピクロスの原子論において、原子の運動方向に不確定的に生じる微小な偏倚のことである。デリダがクリナーメンに言及した論考に、« Mes chances. Au rendez-vous de quelques stéréophonies épicuriennes », *Psyché Inventions de l'autre*, Galilée, 1987がある。

★5――ディオニュシオス・アレオパギテス(六世紀頃?)は「ディオニュシオス文書」(『神名論』、『天上位階論』、『神秘神学』、『教会位階論』および一〇の書簡)を著し、否定神学を発展させた人物。彼はパウロの説教で改宗した(『使徒言行録』17:34)アテナイのアレオパゴス法廷の判士ディオニュシオスだと信じられていたため、その神秘主義的な文書は六世紀前半から一六世紀頃まで、東方世界からキリスト教世界まで絶大な影響力をもった。その著作はエリウゲナによって九世紀にラテン語に翻訳され、聖書と同格の権威で引用された。また、アルベルトゥス・マグヌス、トマス・アクィナスらが注解を施し、ボナウェントゥラ、ダンテ、エックハルトなどに深い影響を与えた。一九世紀末の諸文献の比較研究を通じて、ディオニュシオスがプロクロスと同時代人(五世紀)あるいは少し後のシリアの修道士であることが解明され、「擬」を冠した名で呼ばれるようになった。

「ディオニュシオス文書」においては、新プラトン学派とキリスト教の教義とが筆者の体験にもとづいて寓意的、神秘的に解釈し総合される。神は超越的で言説化しえないものであり、存在と本質を優越したあらゆる名以上のものである。「存在」や「生命」、「愛」といった属性付与は確かに神についての知識を豊かにするが、しかし実際には、神それ自体は否定命題（「神は〜ではない」）によってのみ語られる。この考え方は、被造物との関係において存在する神を積極的に規定する肯定神学（第一の道）に対して、否定神学（第二の道）と呼ばれた。

★6――――ディオニュシオスは『天上位階論』を聖パウロの弟子のひとりであるテモテに捧げている。また、『神名論』（597B）においてもテモテへの呼びかけを書き記し、「第九書簡」でも彼に言及している。『神秘神学』の冒頭では、人間の感覚や知性を越えた「神の暗闇」への祈りが述べられた直後に、テモテへの語りかけが次のように続く。

「まことにこのように私は祈る。だが、親愛なるテモテよ、神秘なる観想の対象に対して真剣に取り組むために、感覚作用と知性活動を捨て去り、感覚と知性で捉えうるいっさいのものを捨て去り、あらゆる非存在と存在を捨て去りなさい。そして、できる限り、あらゆる存在と知識を超えている合一へ無知によって昇りなさい。実際、あなたは、自分自身といっさいのものからの完全に無条件で絶対的な超脱によって、あなたがいっさいのものを除去するとともにいっさいのものから解放されることによって、存在を越えている、神の闇の光へと引き上げられるであろう。」（「神秘神学」今義弘訳『中世思想原典集成三』上智大学中世思想研究所、一九九四年、四四九頁）

ディオニュシオスが同一方向でおこなう、神への祈りと読者への語りかけに関しては、« Comment ne pas parler Dénégations », *Psyché Inventions de l'autre*, Galilée, 1987, p. 580; *II nouv. éd. augmentée*, Galilée, 2003, p. 185 も参照されたい。

★7および8――――デリダは出典指示をアウグスティヌス『告白』の第十巻第四章6としているが、明らかに5の間違いだと思われるので訂正した。ここでの議論は第十巻第四章5の次のような箇所をもとにしている。

「実際、主よ、わが神よ、私たちのことで多くの人々があなたに感謝を捧げ、私たちのために多くの人々があなたに祈ってくれるとしたならば、この益はまことに小さくありません。あなたが愛すべしと教えたもうものを、兄弟たちの心が私のうちに認めるとき愛し、悲しむべきと教えたもうたものを、私のうちに認めるとき悲しんでくれるならばどんなによいことか。」

★9――「真実をおこなうこと＝真実を創ること（veritatem facere）」は、本書とほぼ同時期に書かれた自伝的テクスト『割礼告白』〔« Circonfession », *Jacques Derrida*, Seuil, 1991, pp. 46-50〕において重要なモティーフをなしている。デリダによれば、真実を本当に告白するという証言の本質は、ある隠されていた知識を打ち明けたり、本当のことを知らせたり、述べたりすることに存するわけではない。むしろ告白は虚構や嘘、偽証の可能性をあらかじめ孕んでいなければ成立しない。告白には隠されていた真実をありのまま明るみに出すこととは別に、「真実を創り出す」という契機をつねにともなう。それゆえ、告白された内容と「真実」との適合の妥当性を判断することは告白の本質をなさず、告白は虚偽や嘘に対する赦しを乞うという可能性を告白の行為以前に必要とする。同様の議論は秘密や証言という主題に即して、『パッション』〔湯浅博雄訳、未來社、二〇〇一年、六〇頁〕や『滞留』〔湯浅博雄他訳、未來社、二〇〇〇年、三五頁〕でも展開されている。

★10――post-scriptum（P. S. と略記）はラテン語の post（後に）と scribere（書くこと）からなる言葉で、「（手紙の）追伸、二伸、追って書き」、または「（書物や論文などの）追加、補遺、後記」を意味する。本書において post-scriptum は、出席できなかった討論会にデリダが事後的に参加するために執筆したという本テクストの性格を示すと同時に、エクリチュールの事後性という本テクストの論点を示している。

★11――エックハルト（一二六〇頃―一三二八）は、中世ドイツのスコラ学者にして、代表的な思弁的神秘主義者。ドイツのエアフルトでドミニコ会に入会し、後に同地の修道院長を務める。パリに遊学してマギステルの称号を取得し、以後「マイスター」の称号をつけて呼ばれる。ザクセンのドミニコ会管区長に赴任、その後、パリ大学神学部に派遣されて教授職を務める。ストラスブールやケルンで神学を講じ、また説教家としても活躍し、民衆にわかりやすい自国語で著作を著した。エックハルトは汎神論的であるとケルンの司祭から異端の嫌疑をかけられ、問題未解決のまま死去した。死後に異端であることが公式確定し、彼の著作や教説の写本は禁止され、処分された。

エックハルトの神秘思想は、スコラ哲学、新プラトン主義、ユダヤおよびアラビア思想の影響を受けている。彼によれば、神は無そのものであり、万物の生成はすべて神に由来する。万物の目的は神の認識であるが、私たちの内なる神の直接的な働き、すなわち「霊魂の火花」によって神に接触することができる。また、倫理的には、世界のただ中におけるいっさいの被造物および自己自身からの自由（「離脱」）に倣って生きることが重要であると説かれる。

★12――「説教九」『エックハルト教説集』田島照久編訳、岩波文庫、一九九〇年、五五頁。

★13――デリダの家族は一九二三年からフランス領アルジェリアのアルジェに居を構えていたが、三四年にアルジェ近くのエル・ビアールに購入した住宅に移転する。デリダ一家はその後、六二年七月にアルジェリアが独立するさいに南フランスのニースに移住する。

その後、デリダの母親ジョルジェットは何度か深刻な病に倒れ、八八年以降は自宅で療養することになる。八九年一月から九〇年四月にかけて綴られた自伝的テクスト『割礼告白』〔« Circonfession », ibid.〕で、デリダは病床の母親のことを、聖アウグスティヌスと母モニカの関係になぞらえながら語っている。寝たきりのジョルジェットは次第に記憶を喪失し、『割礼告白』が書かれた時期には息子の名さえ忘れてしまっていた。死期が迫っていたころ、ジョルジェットは、人生の大部分を過ごしたエル・ビアールの家ではなく、子供時代を過ごしたアルジェ市中心部の家を再び訪れてみたいと、毎晩、家族に懇願した。家族の者は仕方なく嘘をついて、彼女を連れて付近の住宅地を一周したが、ジョルジェットはそのとき子供のように従順な様子で過去へのかりそめの旅に満足したという。ジョルジェット・デリダは本書末尾の日付の約四ヵ月後、九一年一二月五日に逝去した。

★14――ハイデガーはキリスト教の神と古代ギリシアの存在‐神学を峻別して、神的なものについて哲学的思索をおこなうためにTheiologie（神論＝神的なものに関する論）という表現を用いた。例えば、「ヘーゲルの経験概念」という論考には次のようなくだりがある。

「アリストテレスは、存在者を存在者として凝視する彼が特徴づけた学を第一哲学と呼ぶ。しかし、この第一哲学はたんに存在者をその存在すること〔Seiendheit〕において考察するだけでなく、同時に、この存在することにまったく相応している存在者、すなわち、最高の存在者をも考察する。こうした存在者、ト・テイオン、神的なものは奇妙な両義性をともなって「存在」とも呼ばれている。第一哲学は存在論として、同時に、真に存在するものの神学〔Theologie〕でもあるのだ。より正確に言えば、これを神論〔＝神的なものに関する論Theiologie〕と呼ばなければならないだろう。存在者としての存在者の学は、それ自身において、存在‐神学的〔onto-theologisch〕なのである。」〔『杣道』茅野良男・ハンス・ブロッカルト訳、創文社、一九八八年、二一八―二一九頁。訳文は変更した。〕

キリスト教の神は啓示を通じて顕現し、神学は神の存在、神の御言葉、神への信仰、神をめぐる言説などを議論の対象とする。これに対して、神論においては、あらゆる存在者を基礎づける比類なき最高存在者が論究され、必ずしも特定の宗教において啓示されない神的なものの本質や言説が議論の対象となる。神の啓示という限定された仕方での顕現ではなく、あらゆる啓示（Offenbarung）よりも根源的に（自ら）顕現するような「開明性（Offenbarkeit）」が神論では問われる。

★15――名詞lieu（場）を使用した表現「avoir lieu」は通常、「（出来事などが）生じる、起こる」「（行事などが）催される」という意味であり、「donner lieu à」は「～を引き起こす」「～の原因となる」といった意味である。本書ではプラトンのコーラが参照されながら、いかなる概念的同一性をも逃れ去る〈場なき場〉が重要な主題のひとつをなしているため、煩雑さを厭わずに、「avoir lieu」には「場をもつ」、「donner lieu à」には「〜に場を与える」という直訳を重複表記した。

★16——デリダは『友愛のポリティックス』のなかで、詩人アブデルケビル・ハティビが「aimant（磁石）」から考案した造語「磁愛（aimance）」を用いている。アリストテレスの『ニコマコス倫理学』では、誰かを愛する方が誰かに愛されることよりもよいとされる。友愛関係において優位に置かれるのは、受動性よりも能動性、可能態よりも現実態である。これに対して、デリダは「磁愛」という表現によって、愛することと愛されることのあいだに設定される境界を問いに付そうとする。「磁愛（aimance）」の接尾辞-anceにはギリシア語の中動相に通じる能動／受動への分割以前の様相が含意されており、この表現は能動態と受動態、決断と情熱の手前にある中間相を名づけるために使用される。『友愛のポリティックス1』鵜飼哲他訳、みすず書房、二〇〇三年、四八頁を参照されたい。

★17——ニコラウス・クザーヌス（一四〇一—六四）はドイツの神秘思想家。ハイデルベルク大学とパドヴァ大学に学び、法学の学位を取得する。司祭、さらには枢機卿に任命され、教皇のために挺身し、東西教会一致のために奔走した。晩年はローマで多くの哲学的著作を執筆した。有限な人間の知性からすれば、無限なる神があらゆる知解の彼方にあるということしか理解できない。クザーヌスは、霊魂はこの知性の限界において、「知ある無知」において神に触れることができるとした。彼のこうした思想には、新プラトン主義や偽ディオニユシオス、エックハルトなどの神秘主義の影響がみられる。

★18——キリストが十字架の死に至るまで父なる神に随従したという、キリストの自己無化・自己放棄のことを指す。「フィリピの信徒への手紙」（2:6-7）には、「キリストは神の身分でありながら、神と等しい者であることに固執しようとは思わず、かえって自分を無にして、僕《しもべ》の身分になり、人間と同じ者になりました」と記されている。

★19―――dénégation（否認）はフロイトの用語 Verneinung に当てられた仏訳語である。Verneinung が意味するのは、主体が、今まで抑圧されてきた欲望や感情を表明しているにもかかわらず、これらが自分に属していることを否定し、そこから身を守るやり方である。精神分析治療の過程において、患者は否認の発言（「私はそんなことを一度も考えませんでした。」「私はそんなことは絶対に知りません。」）によって抑圧されているものを明らかにする。否認は、無意識下で抑圧されているものが意識において承認される端緒をなす。つまり、患者は分析者の解釈を否定することによってこれを肯定するのである。このように、Verneinung はたんなる否定ではなく、肯定と否定の二重性を意味する。多義的な接頭辞 ver- は、除去、消去、停止、逆転、反対、消耗、消費、終極までの継起、変更をなど表わすため、Verneinung は「否定の除去（ver-nein）」とも解釈される。Ver-nein-ung には否認の存在と不在、否定の契機と終極という二重の意味があるのである。仏語の dénégation は的確な訳語で、否認（dénégation）と脱－否定（dé-négation）を指し示すことで、否定と肯定が矛盾することも総合されることもない二重性を明らかにしている。

　デリダはこうした精神分析用語としての意味を踏まえながらも、dénégation を「フロイトの文脈で負荷がかかるまさにその手前で」理解する〔« Comment ne pas parler », *op. cit.*, p. 557; p. 165〕。肯定と否定が並存する dénégation は、否定に反する否定、否定ならざる否定であり、「それ自身で自らを否定する否定」〔ibid.〕である。それは、否定に反すること、否定をある仕方で回避することによって否定を肯定することである。それゆえ、dénégation は、「否定の否定」という弁証法的契機とはまったく異なる。弁証法においては、否定的なものが否定され保存されて高次の次元へと止揚されるのに対して、dénégation においては、否定することがそのまま肯定することに等しいからである。デリダにとって、dénégation は、否定性を弁証法とは別様に考察するための方法であり、また、肯定と否定の対立を超過した彼方への上昇という否定神学の運動を的確に指し示す表現である。本書で言及される「sauf（～を除いて、～を救って）」や「sans（なしに）」といった語は、肯定と否定を並存させる否認の代表例である。

★20――デリダが使用している版では、二行目は、「Nicht Wahrheit, Einheit, Eins, nicht was man Gottheit heist（真理、統一、一者ではなく、神性と呼ばれるものでもない）」となっている。

★21――ヨハネス・シェフラー（シレジウスの本名）は幼年時代から何事も素早く学習する早熟の才能を備えていた一方で、メランコリックな性格で、模範となる人物や友人をつねに求めていた。一四歳のときに父親が死去し、二年後に母親が急逝して彼は孤児となった。親戚が残された財産を工面して、シェフラーは名門校エリザベート・ギムナジウムで学ぶことになる。彼は学校教師クリストフ・ケラーを模範として詩法を学び、その交流のなかでやり切れない悲しみを癒したという。

★22――ヨハネス・タウラー（一三〇〇―六一）はドイツの神秘思想家。ケルンでエックハルトに師事し、彼の神秘思想を穏便な形で受け継いだ。タウラーは宗教における敬虔的態度を重視し、これを実践的生活と霊魂の指導へと発展させた。その実践的な教えはルターにも少なからぬ影響を与えたといわれる。

★23――ヤン・ファン・ロイスブルーク（一二九三―一三八一）はフランドルの神秘思想家。ブリュッセル郊外に叔父とともに隠遁し、数々の神秘主義的な論文を著した。彼はエックハルトの汎神論的傾向に距離を置きつつ、内的生活と瞑想を重視し、もっとも高次の恩寵の個人的体験と優れた神学的教養を総合した。ロイスブルークは、キリストの生涯と受難を観想し、神秘的統一を実生活のなかで体得するという神秘主義的な修道運動、「新しい信心《ディウォティオ・モデルナ》」の指導者となった。

★24――ヤーコブ・ベーメ（一五七五―一六二四）はドイツ・バロック期の神智主義的神秘思想家にして靴職人。二五歳の時に錫の皿をぼんやりと眺めていたとき、唐突に眼前にヴィジョンが広がるという神秘体験を得る。この経験でベーメは自己と万象に光の誕生を見い出し、人間と神の一体性を感じ取る。その後、ベーメは聖書、神秘思想、錬金術、カバラなどを独習し、一六一二年に神秘体験の書『黎明』を執筆して評判を呼んだ。

★25——ラテン語evenire（起こる、生じる）からフランス語のévénement（出来事）は派生する。また、venir（到来する）の語源はこれと同族のラテン語venireである。

★26——「avoir ~ sur le bout de la langue（des lèvres）」は、言葉や名前が口元まで出かかっているのに、これをどうしても思い出せない状況を言い表わす。かりに直訳すると「言語（唇）の端に~がある」となる。

★27——forsはsaufと同じく「~除いて」を意味する前置詞である。かつてデリダは、forsをfor（裁判権）、fort（砦）、force（力）、forum（広場）といった同じ語源を共有し、類似した響きをもつさまざまな表現とともに論じたことがある（「Fors——ニコラ・アブラハムとマリア・トロックの稜角のある言葉」若森栄樹・豊崎光一訳『現代思想』一九八二年二月臨時増刊号）。

★28——この発言半ばの「あたかも名を救済すると同時に」から「他者を想起することである……」までの部分は、フランス語版で追記された。

★29——trait（特徴、線引き）とこれらの語に関する考察については、« Le retrait de la métaphore », *Psyché, op. cit.*（「隠喩の退-引」庄田常勝訳『現代思想』一九八七年五、一二月号）を参照されたい。

★30——原注7を参照されたい。

★31——ハイデガーは「存在の問いについて」（『道標』辻村公一・ハルトムート・ブフナー訳、創文社、一九八五年）などにおいて、十字形の抹消記号を使用して「Sein」（存在）という表現を用いている。「存在」は「存在者の存在」とは区別された「存在そのもの」を図像的に指し示す。「存在」に付された抹消記号は「存在」を完全に消去するわけではない。それは、人間の目前で対象化される「存在者」とは異なる「存在」が、主観―客観という認識の構図では把握されえないことを表わす。さらに、この記号は「存在」の「存在者」としての表象をたんに禁じるだけでなく、「存在」を別様に解明するようにうながす。ハイデガーによれば、この十字形は、「天」、「地」、「死すべき者（人間）」、「神的なもの」という四方域が交叉しつつ世界を構成することをも意味しており、「存在」は四方域が集約される十字交叉の場として読み解かれることになる。

★32——現在のフランスにおけるデカルト研究の代表格であり、「フランス現象学の神学的転回」の中心人物であるジャン＝リュック・マリオンは、『存在なき神』〔*Dieu sans l'être*, Fayard, 1982〕において、「Dieu」（神）という表記を用いている。マリオンは、十字架に架けられたキリストの死と復活を通じてしか神は顕現しないという、厳密にキリスト教神学的な意味でこの十字形の抹消記号を使用する。そこからは、ハイデガー的な存在論的差異とは次元を異にする神との「距離」の思考、そして、この距離を介した贈与の問いが導き出される。

★33——「四角い円」となっているが、ハイデガー自身は「木製の鉄（ein hölzernes Eisen）」と表現している。ハイデガーは『形而上学入門』の冒頭章で「「キリスト教哲学」などというものは木製の鉄のようなものであり、誤解である」〔川原栄峰訳、平凡社ライブラリー、一九九四年、二二頁〕と述べている。そこでは、キリスト教を通じて経験された世界を信仰に関する研究が神学であり、「なぜ、存在者が存在して、むしろ無が存在するのではないのか」という問いの究明に従事するのが哲学であるとされ、両者の立場は厳密に区別されている。

★34——プラトンは『国家』において〈善《アガトン》〉を認識の最高目標とした。太陽の光がもたらす可視性は、認識者に事物を見る働きを与え、より的確な認識能力をもたらす。ただし、太陽それ自体は見る—見られるという認識関係とはまったく異質な次元にとどまったまま、この認識関係を確保する。太陽光と同様に、あらゆるイデアを統括する「〈善〉は、実在《ウーシア》とそのまま同じではなく、品位においても力においても、実在の彼方《エペケイナ・テース・ウーシアス》に超越してある」〔『国家』509B〕とされる。

★35——ハイデガーは「根拠の本質について」〔『道標』前掲、一九六—一九九頁〕において、プラトンの〈実在の彼方《エペケイナ・テース・ウーシアス》〉、つまり〈善〉は現存在の超越として解釈されうるのか、と問う。〈善〉は確かに存在の真性を理解するための可能性を記述しているが、しかし、現存在を存在論的に解明するという課題は〈善〉の問いにおいて十分練り上げられていない、とハイデガーはみる。

★36――命令の表現 il faut の動詞 falloir は、「過ちを犯す」「〜に欠ける」を意味する faillir が変形してできた語である。

★37――この詩句（第一巻7）の全文は次の通りで、デリダが引いている原註は「神を超えて」の箇所に付けられている。

私のとどまる場所はどこか。私とあなたはとどまるところがない。私の行くべき最後の目的所はどこか。それは何人も見つけないところ。私はいったいどこに行くべきか。私はさらに神を超えて、荒野へと行かなければならない。

★38――例えば、『エンネアデス』VI-7-17には次のようなくだりがある。

「しかしどのようにして、これら（諸有）が彼（英知《ヌース》）の内にあり、しかも彼自身であるのか。これらはかの所には、つまり（彼を）満たした者の内にはなかったのだし、他方また満たされる者の内にもなかったのだが。というのは、英知がまだ満たされていなかった時には、彼は（これらを）まだ持っていなかったのだから。

いや、何者かが与えるものを、その者が持っているというのは必然ではないのだ。むしろ、この類のものにおいては、与える者はより偉大（高次）であり、与えられるもの（内容物）は与える者よりも卑小（低次元）である、と考えねばならない。（真に）有るものの領域では、生成はそういうふうなのである。」〔『プロティノス全集 第四巻』田中美知太郎他訳、中央公論社、一九八七年、四三九頁〕

★39――旧約聖書において、預言者たちは神と結ばれたしるしとして「心の割礼」を主張しており〔申命記10:16など〕、使徒パウロはこの考えを受け継いで、信仰による神との精神的な結びつきを「心に施された割礼」と呼んだ〔「ローマ人への手紙」2:29〕。

★40――Gelâzenheit, Gelassenheit（平穏さ）は、動詞 lassen（英語の let、仏語の laisser に相当する）「捨て

る」「放棄する」「そのままにする」の過去分詞からつくられた名詞形である。エックハルトやハイデガーの用語としては「放念」、「放下」などと訳される。

エックハルトの神秘思想の核心は「離脱（Abegescheidenheit）」であるが、「離脱」の経験に即してあらゆる事物の放下が語られる。離脱の経験を通じて、人間は神の永遠性に等しい純粋性、単一性、不変性のうちへと導かれ、ついには、神と人のあいだのいかなる区別も無効になる。世界のただ中で活動しつつも、静寂の内で自らを開放した境地に達して、すべてをあるがままに放任するところでは、人間はすべてのものをあるがままに享受することができる。純粋な無の内で最大の受容性を得るときにこそ、人間は自らの内への神の流入を受け入れ、その最高の浄福を感得することができるのである〔「離脱について」『エックハルト教説集』前掲、参照〕。

ハイデガーは諸事物を算定し計画的に利用するという近代の技術的世界観に対して、エックハルトの「離脱」を踏まえながら、「物への関わりの内における放下」について述べた。それは、「もろもろの技術的な対象物を私たちの日常世界の内に入り来たらせ」、「そして同時に、それらの対象物を外へと置き放ち、つまり、物としてそのままにしておく」ことである。ハイデガーは、こうした「技術的世界に対して同時的に諾と否をいう態度」が「諸物への放下」であるとした。それはいわば、人間的計算理性が放棄した、「物が物として生起する」位相への接近のことである〔『放下』辻村公一訳、理想社、一九六三年参照〕。

★41――この発言半ばの「「誰でもよい誰か」や「何でもよい何か」の「何でもよい」は」から末尾までの部分は、フランス語版で追記された。

★42――この発言の冒頭「あなたは Gelassenheit〔放下〕のことを記述したものの」から「無差異＝無関心を活用するのである」までの部分は、フランス語版で追記された。

★43――faute（過誤）も défaillance（機能不全）も動詞 falloir と同じく、「〜に欠ける」を意味する faillir から派生した語である。訳註36も参照されたい。

★44――martyre（殉教）はギリシア語martyrion（証言）から派生した語である。

★45――デリダによる四方域と動物の分析に関しては、『精神について　ハイデッガーと問い』港道隆訳、人文書院、一九九〇年、Ⅳを参照されたい。

★46――ハイデガーは『根據律』〔辻村公一・ハルトムート・ブフナー訳、創文社、一九六二年、第五および六時限〕で、シレジウスの「薔薇は何故という理由なしに存在する」（第一書289）という格言に関して考察をめぐらせている。

★47――三つ前の発言の末尾「こうした放棄の平穏さは、どこから（何によって？　誰によって？）与えられるのだろうか？」から「おそらくもっとうまい仕方で予感するひともいるだろうが」までの部分は、フランス語版で追記された。

訳者解説
否定神学をめぐる複数の声

西山雄二

キリストは神の身分でありながら、神と等しい者であることに固執しようとは思わず、かえって自分を無にして、僕《しもべ》の身分になり、人間と同じ者になりました。人間の姿で現われ、へりくだって、死に至るまで、それも十字架の死に至るまで従順でした。このため、神はキリストを高く上げ、あらゆる名に勝る名をお与えになりました。

——フィリピの信徒への手紙（2:6-9）

否定神学や否定神学的なもの——場合によっては、（絶対）他者論や不可知論をも含めて——を前にしたとき、私たちが示す反応は、いったいどのようなものだろうか。例えば、言述不可能なものを対象とする否定神学的な言説などたんなるニヒリズムや蒙昧主義にすぎず、それは明晰な知の進展を疎外し、空虚な神学を構築するだけである、と考える向きもあるだろう。また、「Xはこれでもあれでもない」と空疎な論理や修辞を積み上げたところで、それは、概念規定や概念分析の怠慢さから生じる同語反復的な言葉遊びにすぎず、素朴な「語りのための語り」に甘んじているだけだ、と難詰する向きもあるだろう。否定神学の話法を真似ることはたやすい、とどのつまり、「語りえないことを語る」とか、「知ることができないことを語る」などと放言すればよいのだから、という声も上がるかもしれない。とどのつまり、否定神学的な論法は健全な知の領域から排除されるべき一種の不可知論の病にすぎない。否定神学（的なもの）は、「語り得ないもの」という首枷で論理を空転させることで、自由な思考や感覚をきわめて限定された領域のなかに閉じ込めてしまう、というわけである……。

しかし、はたして、否定神学は思考の自由闊達な活動からひたすら取り除くべき対象なのだろうか。ジャック・デリダは、とりわけ「痕跡」や「差延」といった表現によって、これまでたびたび否定神学的であると言われてきた思想家である。そんな彼とともに読み直すとき、否定神学はどのような声を響かせ、どのような道を開くのだろうか。

言語表現の絶対的な希薄化としての否定神学

しかし、そもそも、否定神学とは何か。概略的に言えば、否定神学とは、キリスト教神学において神を認識するための論法、あるいは神と交流するための手段である。肯定神学では、「神は〜である」（「神は光である」、「神は愛である」等々）と属辞を重ねることで神の認識は深まっていく。これに対して、否定神学においては、「神は〜ではない」という否定命題が陳述されることで、人間の言語による神の認識不可能性が証明される。超越的な存在である神に対しては、名や概念による説明が妥当しないのである。否定神学はギリシア語表現を用いて「アポファティスム（apophatisme）」や「アポファティックな神学（théologie apophatique）」とも呼ばれる。動詞 apophanai（否と言う）に由来する apophase や apophasis は、否定を通じて肯定を示唆する一種の皮肉法（「陽否陰述」）のことである。つまり、否定神学はたんに否定することを目的とするのではなくて、あくまでも、否定の積み重ねによって神の超越性を肯定しようとするのである。

こうして、否定神学は名づけをめぐるダブル・バインドにとらわれることになる。神を名づけようとする一方で、名づけねばならない対象を名づけることができないという「逆説の誇張法」が否定神学的なものを促進する。神の超越性はその名が欠如していることによって確保される。神はその名の例外的な卓越性ゆえに除外されることによって、無傷のまま救済されるのである。否定命題を積み重ねるあまり、否定神学はともすれば、「ほとんど無神論へと傾いている」ようにもみえるのだが、しかし、神の超越性をいささかも毀損しないという点で、それは無神論とは決定的に異なるのである。

　しかし、そうなると、否定神学は言語表現の限りない希薄化を余儀なくされる。「神はこれでもあれでもない」と否定を重ねることで、言語表現の内実は希薄になり、指示対象との適合を欠いた論理は形式化していく。実際に、ディオニュシオス・アレオパギテスは、神を象徴的な言葉で間接的に表象した『象徴神学』よりも、神固有の名を直接的に論述した『神名論』の方が、より言葉少なく語らねばならなかったと告白している〔『神秘神学』1033B〕。空虚化の運動にしたがうことで、あたかも否定神学それ自体が無と化し《ケノーシス》、砂漠に住まおうとするかのようである。否定神学においては、言述不可能性を介して神認識を試みることで矛盾が生じる。否定神学《テオロジー》は神に関する論理《テオロジー》がもはや妥当性を失う地点にまで赴くのである。否定神学は大胆にも「理性的に許容されることよりもさらに遠くに行こうとする」〔本書一二頁〕ことで、限界への通過の可能性を開き、自己批判にまで至るのである。否定神学がそれでも辛うじて残余するとすれば、それは、「アポファーズの（生以上かつ死以上の）生き残り、存在－論理－意味論的な内的な自己破壊からの生き残りとしての資料体＝身体」〔本書四八頁〕としてであるだろう。

　ところで、歴史的にみると、こうした否定神学なるものの系譜を明確に限定することは意外に難しい。プラトンや新プラトン主義のなかにはすでに否定神学的な考えの源泉がみられるが、この否定の思考法を初めて意図的に用いたのは、ギリシア教父のアレクサンドリアのクレメンスやオリゲネスだと言われている。初期キリスト教世界において、「否定の道《ウィア・ネガティーウァ》」はバシレイオスやニュッサのグレゴリオスなどによって主に東方正教会で用いられていたが、六世紀のディオニュシオス・アレオパギテスの文書によって、否定を介する神への接近という西欧神秘主義の根底が形成されることになる。これに対して、西方世界では「肯定の道《ウィア・ポジティーウァ》」が主流をなしており、人間が理解可能な概念を介して神の本質が類比的に記述されていた（「存在の類比《アナロギア・エンティス》」）。しかし、その後西方でも、いわばスコラ学と神秘主義の結合を探求したエックハルト、新プラトン主義を受容しながら瞑想的神秘主義を唱えたクザーヌス、跣足カルメル会の十字架のヨハネなどにおいて否定神学的発想は次々に開花していく。

このように東方・西方キリスト教世界において、「否定の道」が継承され展開されていく流れを確かに確認することはできるのだが、そこに確固たる「流派」や「学派」、「ジャンル」を認めることは妥当ではない。否定神学はむしろ、否定を通じて超越者に接近する思想的傾向のことであり、デリダの言葉を借りれば、「それ自身の演出、それ自身の修辞、文法、論理の様式、それ自身の論証手続きをともなうある種の言語形式、一言で言えば、『歴史のなかで』証明され、さらには位置づけられたテクスト実践」〔« Comment ne pas parler ? Dénégations », *Psyché*, Galilée, 1987, p. 535; *Psyché II nouv. éd. augmentée*, 2003, p. 145. 以下、CNPと略記し旧版／新版の頁数を記載〕であると言えるだろう。それゆえ、否定神学を規定する場合には、否定神学的なものの「家族的な雰囲気（家族的類似性）」〔本書三八頁〕を有する諸テクストを限定する必要がある。そこでまず初めに、デリダが本書で言及している否定神学の二つの軌道を辿ってみたい。

「古典的な」否定神学の第一の軌道——プラトンと新プラトン主義

マーク・C・テイラーは『ノッツ nOts』〔浅野敏夫訳、法政大学出版局、一九九六年、六二―六三頁〕において、デリダが論考「いかにして語らないか」で提示した区分をもとにして、プラトンから新プラトン主義に至る思想的潮流と、ディオニュシオスが練成したキリスト教思想とを「古典的な（classique）」否定神学と呼んでいる。それは、古代ギリシア哲学とキリスト教神学における、言述しえない超越者を介した存在‐神‐論の系譜である。この二つの軌道をデリダは本書で意識しているが、言述しえない超越的な名に関する議論を中心にこれらの軌道を概観しておきたい。

まずは、プラトン哲学の神秘思想的傾向に足を止めてみたい。『パイドン』や『国家』、『パルメニデス』などプラトン中期の著作では、合理主義的なイデア論が展開されると同時に、オルフェウス教などの影響で神秘主義的要素も強まる。現実的な事象を超えた位階にある、それらの原型を魂が観想するというイデア論は、神秘主義的な霊魂不滅説とは切り離せない。霊魂は地上界では肉体の牢獄に囚われているけれども、それ自体は不滅であって、永遠のなかでイデアと合一する。それゆえ、地上界での経験的な認識を離れて魂がイデア界へと上昇することは、自らの故郷たるイデア界への還帰に他ならない。『パイドン』の「死の訓練」、『饗宴』や『パイドロス』の〈愛《エロース》〉が示すように、魂はイデアと同じ種類、同じ本性をもつ（同族的《シュンゲネイア》である）がゆえに、イデアへと上昇し還帰しようとするのである。

否定神学的な構図が描かれたプラトンのテクストとしては『パルメニデス』が重要である。その前半でイデア論が議論された後、後半の大部分（第一〇章以降）は〈一〉なるものに関する議論に割かれている。パルメニデスは「本格的な仕事の形をしてはいるけれども、他方また遊びという面ももつ」（『パルメニデス』137b）哲学の予備練習を披露する。彼が問うのは、「〈一〉がある」あるいは「〈一〉がない」という前提からどのような帰結が引き出されるのか、というアポリアである。

〈一〉は全体であるのか部分であるのか。パルメニデスによれば、部分が全体の部分であり、全体があらゆる部分の集合である限りにおいて、〈一〉はそのいずれでもない。〈一〉が全体や部分であるならば、〈一〉は〈多〉に等しくなるからだ。同様の手続きにしたがえば、〈一〉は始まりも終わりももたないために無限であり、円形（等距離にあるあらゆる地点の集合）でも直線（二つの末端に挟まれた無数の点の集合）でもないために形をもたない。パルメニデスはこのアポリアを運動と静止、同と異、類似と非類似といった対関係に適応し、〈一〉が「Aでも非Aでもない」ことを順次、論弁していく。要約すると、〈一〉が自己自身の内にあるのか、他者の内にあるのか、不明確なのである。他者と関係するならば、〈一〉はすでに他者の内にあり、自己充足した〈一〉ではなくなる。反対に、〈一〉が〈一〉それ自身の内にあるならば、〈一〉は自分が自分を取り囲むという自己関係をもつことになり、やはり〈一〉ではなくなる。自己と他者、あるいは自己と自己とに二分されるならば、〈一〉は〈多〉として現存することになってしまう。〈一〉が真に〈一〉であるならば、〈一〉はこれら対概念のいずれにも当てはまらないのだ。さらに、生成消滅をともなわない〈一〉は時間のイデアを分有することもなく、最終的には、「〈一〉なるものはどのような仕方によっても、存在を分有しないことになる」〔141e〕とされ、〈一〉の存在までもが否定される。〈一〉が存在することなく、また、いかなる様態をもたない以上、それは「名もなければ、説明（もしくは命題）もなく、学的知識の類もなく、感覚や思いなしもつかないことになる」〔142a〕。

　その後、パルメニデスは前提条件を変えて、〈一〉をめぐるいくつかの帰結を導き出すのだが、ともかく、〈一〉に関する否定神学的な議論はすでにここに出揃っている。〈一〉が認識できない、語りえない対象として叙述され、知性や感性を超越した位階に置かれているのである。その他にもデリダが言及しているように〔本書六五頁〕、プラトンは〈善〉《アガトン》を、主観と客観の根底をなしながらも、主客の双方を超越した位相に位置づけている。最高のイデアである

〈善〉は、認識対象には真理性を与え、認識者には認識する力を与える。それは認識や真理の可能性の条件をなすのであって、認識作用そのものとは次元を異にする。「〈善〉は、実在《ウーシア》とそのまま同じではなく、品位においても力においても、実在の彼方に《エペケイナ・テース・ウーシアス》超越してある」〔『国家』509b〕。

時代は下って、新プラトン派の祖プロティノスは『エネアデス』において、プラトンの『パルメニデス』の〈一〉と『国家』の〈善〉を明瞭に同一視しつつ、両者を知性界と感性界の上位においた。この〈一者《ト・ヘン》〉は知性《ヌース》と存在を超越した万物の第一原因であって、すべての多様な事物に対して善性を付与する単一的な存在である。世界の全秩序はこの成熟した完全なる〈一者〉の力の充溢が多様に発出することによって存立しているとされる。〈一者〉は、多様性を未分化の状態で完全に統一されたまま内包する最高の始元なのである。

プロティノスはこの最高原因をさしあたり〈一者〉や〈善〉と呼んでいるが、しかし、実際のところ、この超越的位相は名状しがたい「知性に先立つ驚嘆すべきもの」〔『エネアデス』IV9-5〕である。〈一者〉をしかじかの存在者によって述語づけるとすれば、〈一者〉は存在の多様性のなかに堕してしまう。「本当を言えば、〈一者〉には合う名がひとつもない」〔IV9-5〕のであり、プロティノスがかのものを〈一者〉と呼ぶのは、「絶対的な単一性を意味するこの名から出発して、最後にはこれすらも（かのものについて）否定するため」〔V5-7〕である。また、〈善〉という名を使用するのも、これが「すべてのものの前のものを意味する」〔V3-11〕限りにおいてである。すなわち、プロティノスは最高原因を指し示す名の暫定的な性格を幾度か注記しつつ、〈一者〉という名の偽名性を自覚していると言える。

プラトンから新プラトン主義において、〈一〉という超越的な審級は、世界の秩序に先在し、これを統御する原理のようなものであって、確かに、キリスト教の神のような人格的存在者ではない。しかし、プラトンによって導入された、知性や感性による認識能力を超えた審級には否定神学的な論理と言述の萌芽をみることができるのである。

「古典的な」否定神学の第二の軌道――ディオニュシオス・アレオパギテス

次に、キリスト教神学や神秘主義の形をとるもうひとつの軌道、ディオニュシオス・アレオパギテスの「否定の道」を概観してみたい。ディオニュシオスが東方世界で執筆活動をおこなった五〇〇年頃は、ヘレニズムのキリスト教化が著しく進行していた時期である。ニカイア公会議（三二五年）からカルケドン公会議（四五一年）まで、ローマ帝国東方で召集された四大公会議において、神における同一本質の三位一体、キリストにおける神性と人性の二重性をめぐって、キリスト教の基本的な信仰箇条が定式化されていく。東ローマ帝国のキリスト教化が進展し、ギリシア的信仰の残滓が払拭されていくなかで、五二九年、皇帝ユスティニアヌスはついに、アテナイにおける伝来の哲学や習俗に関する講義禁止令を発する。そのため、プラトンが創設した学園《アカデメイア》は、プロクロスが学頭を務めたのち数十年で、その九〇〇年余りの歴史に幕を閉じることになる。ディオニュシオスは、存在流出説を唱えるプロクロスの新プラトン主義を継承し、超越的な神に向かう人間の上昇というキリスト教の教理をこれに結びつける。つまり、彼の否定神学は、まさにギリシア―キリスト教という二つの軌道が交叉する地点で醸成されたのである。パウロの直弟子とみなされていた彼の文書は、第三天に引き上げられたパウロの啓示の真正な記述であると信じられていたこともあって、九世紀のスコトゥス・エリウゲナによるラテン語訳によって西欧に流布し、とりわけ中世の天使論と神秘主義に巨大な影響を及ぼすことになる。新プラトン学派が存立しえなくなった後、彼らの思想は、ディオニュシオスの文書を通じて東西キリスト教世界で命脈を保つのである。

ディオニュシオスは、『神名論』において、さまざまな「神固有の名」が神に対していかにして使用されるのかを論じている。神は旧約聖書のなかで「ヤハウェ」と発音され、その読み替えである「主《アドーナーイ》」という表現でも呼ばれている。また神自身が、モーゼに対して、「アブラハムの神、イサクの神、ヤコブの神」を自称し、「私は『在る』という者である」と告げる。新約聖書になると、例えばヨハネによって神は「霊」「光」「愛」などと表現され、さらに、「父」「子」「聖霊」という三つのペルソナの名が使用されるようになる。その後、教父時代から中世にいたる神名論の伝統のなかで、神の本質を形容し、三位一体の三つのペルソナに共通する属性が探求されることで、神や世界の構造が論証された。こうした過去の議論を踏まえたうえで、ディオニュシオスはプラトン以来の〈一〉という呼称やキリスト教の神名を考察することで、超越者に付与された数々の名の階層構造を解明しようとする。

ディオニュシオスは新プラトン主義を踏襲して、神の名のうちでも「善」が第一で完全な名であるとする。存在は存在するものだけに限定されるが、善は非存在にも分与される、適応範囲のより広い概念だからである。三位一体からなる神それ自体は原理的に合一と区別からなるが、神はさらに、その善性にしたがって自己自身を多数化する。「神性原理《テアルキア》は本質的に善いものであり、その存在そのものによって、万物の上に善性を拡げていく」〔『神名論』693b〕。神は自分自身とそれ以外の事物を区別しつつ、さまざまな属性として自らを発出する。ディオニュシオスは善から三位一体的な仕方で発出する神名として、聖書やプラトンや新プラトン主義者たちの文書などで伝統的に使用されてきた「光」「美」「愛」、「存在」「生命」「知性」、「知恵」「力」「平和」といった三幅対の言葉を順次、考察していく。

神の超越性と発出の関係を考えると、神の名は二重に解釈される。一方で、神は超越的な在り方をしているので、これを人間の言葉で名指すことはできない。神の名は「すべての名の上に置かれた無名なるもの、『この世において、また来たるべき世において、名づけられるはずのすべての名』を越えてあげられた無名なるもの」〔596a〕である。しかし他方で、神の名は生命、光、神、真理などあらゆるものの名でもありうる。なぜなら、神は万物を生み出した原因である以上、あらゆる事象は神の善性を分与するからである。神はいかなる名をももたないと同時にあらゆるものの名で讃えられる。「こうして神性原理はすべての原因であり、しかも万物を越えているので、名のないことがふさわしく、しかもすべての名がふさわしい」〔596c〕。「神について万物は同時に述語されるが、しかも彼はその何ものでもない」〔824b〕。「神は万物において認識され、しかも万物から離れている」〔872a〕。こうして、彼の語り口は、神の無名性と神の名の偏在性という矛盾においてそれ自身で倍増するかのようである。

　ディオニュシオスは最終章で、完全なる〈一〉という神名を引き合いに出す。神の善性によって発出された〈多〉は、論述の最後に、万物の原因たる神の〈一〉へと還帰していくのである。こうした〈一〉の解釈や、〈一〉と魂をめぐる発出《プロオドス》と帰還《エピストロペー》の過程はきわめて新プラトン主義的に映るかもしれないが、実のところ、両者のあいだには決定的な相違点がある。プロティノスにおいては、〈一者〉とその発出である存在の〈多〉が連続した一元論的体系が前提とされるため、魂は存在に固有な多様性を捨て去ることによって、もっとも単純な〈一者〉と忘我的に融合する。知的直観を成就するとき、魂はすでにその統一性を喪失して〈一者〉と合一しているのであって、〈一者〉は原理的に認識不可能というわけではない。すなわち、魂の忘我状態《エクスタシス》において、存在の多様性は〈一者〉のうちで絶対的に単純化《ハプローシス》されるのである。プロテイノス自身、〈一者〉との恍惚的な合一を四度体験したといわれているが、彼は、魂は恋人同士の抱擁のように、自己自身の内で善なる〈一者〉に触れ、接合するという無媒介的接触のイメージでこの合一を描写している〔『エネアデス』VI7-34〕。また、神秘的な忘我状態は〈一者〉を観想する「魂の目は光で満たされる」〔VI7-36〕とも表現されるが、魂は〈一者〉の光輝のただなかで自分の「懐かしい故郷」へと帰還するのである。

これに対して、ディオニュシオスは、存在者のいかなる可知的な性質をも超越した位相に超卓越的な神を設定する。神について語りうる唯一固有な定義は神の絶対的不可知性であって、最後に用意された神名である〈一〉さえも不十分な名として退けられる。「神は一でもなく三でもなく、数でもなく一性でもなく豊饒でもなく、その他存在するいかなるものでもなく、彼らから認識される何ものでもない。そのようないかなるものも、万物を越えて、超存在的に超越的な超越神の、すべての言葉と知性を越えた秘密を解き明かすものではない」〔『神名論』981a〕。ディオニュシオスの論証は、ありうべきあらゆる名を除いた後で「神の闇」に遭遇する地点に到達するのである（プロティノスにおいて、暗闇とは〈一者〉の光明が届かない、〈一者〉からもっとも遠くに存在する、形相を欠いた素材それ自体である）。

かくして、神の名の二重性をめぐって、ディオニュシオスは、さまざまな名によって神の属性を述語づける肯定神学の立場を忌避し、神人同形的なあらゆる属性付与を否定する道を選択する。聖書において神に適用されてきた多様な比喩や概念は、神自体の認識としては類比的なものにすぎず、むしろ、神に対して被造物が讃美と礼拝によって応答する仕方が重要なのである。「それだから、〔聖書を記した〕かの人々も、否定によって上昇する道を選んだのである。否定は魂を自らと同質の世界から引き出し、すべての神聖な認識を通過せしめる。そしてすべての名、言葉、知識を越えたものは、これらの神聖なる認識さえもはるかに越えているのである。そして、これらすべてのものの最後に、我々に可能な限り魂は神と結合していくのである」〔981b〕。

こうした「否定の道」は『神秘神学』においてより直裁的に記述される。ディオニュシオスはその冒頭で、「存在と神と善を越えた三位なるもの」へと完全に離脱していくために、「秘儀として隠された沈黙の、光を越えた闇」において「不知を越え光輝を越えた神秘な言葉の絶頂」に到達するために祈りを捧げる。かつて教父たちは、聖書に記された闇〔例えばモーゼの登高における闇〕を教義事項を例証する抽象的で偶然的な題材とみなすだけだったが、ディオニュシオスは神秘的な仕方で「神の闇」にむしろ理論的な意味を付与する。あらゆる知性的な活動が位階秩序にそって否定された地点に「神の闇」は見い出される。神を否定的に語る場合、まず、空気や石などの最低の名を否定して、次第に神の高みに接近し、生命や善といった最高の名までも否定することになる。「そして登りつめた後では言葉はまったく響きを失い、語り得ぬものと完全に合体してしまうだろう」〔『神秘神学』1033c〕。

　こうして、神の認識は確かにことごとく否定されるようにみえるのだが、「ただし、そのさい、肯定と否定とが矛盾すると考えてはならない。むしろ神はすべての欠如を越える原因として、すべての否定と肯定を越えてはるかにこれに先行するものと考えなければならない」〔1000b〕。実は、ディオニュシオスが「否定神学」という表現を使用するのは、残存する文献のなかでただ一箇所、『神秘神学』第三章の「肯定神学とはどのようなものか、否定神学とはどのようなものか」という表題においてのみである（しかも「否定神学」は複数形で記されており、この章題は編者によって付記された可能性もある）。彼自身何度もくり返すように〔『神名論』641a, 872b、『神秘神学』1000b, 1048b など〕、否定神学なるものの自存性が前提とされているわけではなく、むしろ、肯定神学と否定神学の対関係を通じて、神認識をめぐる「何も肯定せず、何も否定しない」という第三の道こそが問われているのである。「否定の道」は最後には認識主体の自己否定に向かい、そうすることで、言語を越えた神との接近の可能性を開く。それゆえ、この意味において、否定神学は不可知論とは異なる。不可知論は認識可能なものと認識不可能なものを峻別し、認識可能なものの領域に立ち止まることで、認識主体の知性を損ねることがないからである。否定と肯定を卓越した完全で単一な万物の原因へと上昇しつつ、「存在を越えた神の闇の光輝」を無知のうちで讃える「卓越の道《ウィア・エミネンティアエ》」に達すること、これこそがディオニュシオスの「否定の道」の目途に他ならないのである。

否定神学をめぐる複数の声

本書『名を救う』は、ジャック・デリダがドイツ・バロック期の神秘主義的宗教詩人アンゲルス・シレジウスの読解を通じて、否定神学の可能性を論じた著作である。この脱構築の思想家が否定神学を集中的に論じた他のテクストには、「いかにして語らないか 否認」(« Comment ne pas parler Dénégations », *op. cit.*) がある。一九八六年にエルサレムのヘブライ大学で開催された討論会「不在と否定性」で口頭発表されたこのテクストにおいて、デリダは、自分の脱構築思想が以前から否定神学だと非難されてきたことに対して返答を試みている。「私が否定神学と言われる運動につねに魅了されてきた以上――このことは魅了一般の経験とおそらく無関係ではない――、痕跡や差延の思想がなんらかの否定神学と同一視されることを拒んだとしても、私の返答は約束に値する」〔CNP545/154〕。

デリダの否定神学解釈に関してまず初めに注意しておきたいのは、彼が「否定神学」をひとつの確固たる思想とはみなしていないことである。デリダは既知なる否定神学を足がかりにするのではなく、逆に、否定神学なるものが何なのかをつねに争点とする。実際に、本書での言い回しは慎重で、「いわゆる、否定神学の道、あるいは自称否定神学の道」〔本書九頁〕、「ここで否定神学と呼ばれるもの」〔本書三〇頁〕、「『否定神学』と名づけられた出来事」〔本書三七頁〕といった婉曲的な表現が目立つ。まさに、「厳密な意味での否定神学そのもの」〔本書一一頁〕こそがそもそも疑問視されているのである。つまり、デリダは、否定神学を唯一の道と声（モノローグ主義）に還元するのではなく、むしろ、本書冒頭の言葉が明確に述べているように、否定神学をめぐる道と声の多数性（モノローグ主義のけっして終わることのない終わり〔本書一〇頁〕）を探り出そうとするのである。

本書では一見、対話形式が採られているが、しかしそれは、同定可能な二人の対話というよりも、二つの声が多数化する出来事といった方がよいだろう。実際、「一方では」、「他方では」という表現が強調されることで、同じひとりの話者が発した問いや返答さえもが相異なる方向へと分岐していくかのようである。「否定神学」は実体的な対象として論じられるのではなく、行為遂行的に複数化されつつ言述されるのである。さらに言えば、デリダは、否定神学を可能とするギリシア思想とキリスト教神学との交叉点を見定め、こうした「否定神学の『古典的な』境界線はどこにあるのだろうか?」〔本書一一頁〕と問うに至るまで、否定神学をその根源から読み解こうとする。デリダは、「あまりにも鈍重で不鮮明な『否定神学』という表現だけでは依然として適合しないであろう、隠されて、変動し、多様で、それ自身のうちで異質な数多くの可能性」〔CNP545/154〕を救い出そうとするのである。

そう考えると、本書において、シレジウスが否定神学の正当な遺産相続者たりうるのかどうかという問いが提起されながらも、その明答には何度も留保や躊躇が繰り返されるのも無理からぬことである。確かに、通常はドイツ神秘主義詩人に分類されるシレジウスは厳密な意味での否定神学者であるとは言えないだろう。しかし、デリダを魅了しているのは、シレジウスのアポファティックな言語表現をめぐって、複数の対話《ポリローグ》を展開させることである。そもそも、「潜在的にであれ顕在的にであれ、ある言説が否定神学に属していると決定するための確実な基準」〔本書二〇頁〕とは何かということを彼は問うていくのだ。

デリダは、「ギリシア－ラテン系統の固有言語《イディオム》で『否定神学』と呼ばれるもの、それはひとつの言語表現《ランガージュ》である」という定式を掲げる〔本書三三頁〕。否定神学的な言説は、超越的な指示対象との非適合という傷痕をつねに帯びたエクリチュールである。否定神学においてなされるのは、充実した意味作用が危機に曝されるような言語経験である。そこでは、指示参照作用が極限まで消尽され、言語表現の無味乾燥とした希薄化がおこなわれ、否定神学は「Xはこれでもあれでもない」という機械的な反復と化してしまう。奇妙なことに、私たちは否定神学の内実とは無関係に、つねに、その形式化された言語表現を事前に理解しているかのようである。

こうして、否定神学の言述を通じて経験されるのは、ほとんど何ものも意味していないほど自己無化された言語表現の集積である。指示対象との非適合を出発点として、言語は言語によって反省的に考察される。それは、「言語表現の『本質』のもっとも思惟深い、もっとも多くの要求をともなう、もっとも仮借なき経験」〔本書四六頁〕と言えるだろう。デリダは否定神学を、「言語表現の本質や可能性そのものを審問し疑うもの」〔本書三四頁〕として、言語の限界経験としてとらえ直すのである。

否定神学と／の脱構築

デリダの脱構築思想は早い時期から否定神学との類似性を指摘されてきたが、彼自身、いわゆる否定神学と脱構築には明確な相違点があると何度も明言している。それはまず、命題形式の論理への依拠である。肯定神学は命題「SはPである」という特権的な形式を通じて属辞付与や判断の論理にしたがい、否定神学はその否定「SはPではない」を用いる。この命題形式の論理はあくまでも神の御言葉《ロゴス》を基にしているので、言葉は破壊しえない確固たる単位とされ、名や公理の権威が重視される。否定神学においては、あくまでも名や概念、表象への信頼に基づきながら、本質や実存など現前性の有限なる諸カテゴリーの彼方に、命題論理では指し示せない超本質的な神が論及されるのである。

　これに対して、デリダは『グラマトロジーについて』以来、名や公理の権威を問いに付してきた。例えば、もっとも否定神学的だとされる「差延」という表現を引き合いに出そう。「差延」は痕跡としてしか現前しないという非‐現前的な性格をもつ。デリダによれば、「差延」は自分たちの言語のなかで一時的なものであれ的確な名称をもたないのだが、それは、「そのもののために名がないからである。ましてや、それは本質とか存在とかいった名でさえないし、『差延』という名でさえない。『差延』はひとつの名であるのではないし、ひとつの純粋な名辞的単一体であるのではない。それは一連の差延的置換のなかへたえず分解するのである。」〔« La différance », *Marges*, Minuit, 1972, p. 28〕一見したところ、あたかも隠れた神が自らが創造した世界を統括しているように、差延は言語活動を超越した神秘的で不可解な存在のようにみえる。しかし、差延の運動は決して言語を絶したところにある存在ではない。差延はそれ自体は決して現前しないまま、純粋な現前性といった「始源」からの遅延や迂回、留保をつねにともないながら言語のなかで作用する。それは、「名称的諸効果が、つまりは名称と呼ばれる相対的に単一的な、ないしは相対的に原子的な諸構造が、言い換えれば、諸名称の諸置換の諸連鎖が、存在するようにさせている戯れ」〔ibid.〕に他ならない。つまり、差延が名や概念によって示されえないといっても、それは差延が言語活動の外部にあるからではない。差延とは語や概念など言語的なもろもろの差異を諸効果として産み出す働きなのである。「差延」を通じてデリダが注視するのは、存在や現前にも不在にも属さないもの、とはいえ、超本質や超存在とも異なるものの、概念や名、言葉「以前の」働きなのである。

また第二に、絶対的な他者の立場が異なる。否定神学は不可能なものの可能性の情熱《パッション》＝受苦を肯定する点で確かに脱構築と関係する。しかし、前者においては、絶対的な他者はつねに神の名のもとで語られる。否定神学があらゆる属辞付与を拒絶するのは、「神の真の名に応答すること、私たちが神に認める名や私たちが聞き取る名を越えて神が応答し対応する名に応答すること」〔本書七五頁〕を目指すためである。それはつまり、「真理の道という名において、また、正確な音程《ヴォワ》〔＝的確な声〕で名を聞き取る」〔同前〕という欲望に通じているだろう。否定神学において、神が純粋な現前存在として彼方に保持される限り、その例外的な名は他のいかなる名にも翻訳不可能なままである。

他者を名づけることや他者の名を変更することは、ともすれば、他者を自分の支配下に置くことである。名づける―名づけられるという関係はすでにして権力的な関係として作用しうる。例えば、アダムはあらゆる生物に名を与えることによって、彼らに対する自分の支配を確固たるものにする。旧約の神はアブラムをアブラハム、サライをサラ、ヤコブをイスラエルというように新しい名を与えることで、彼らの主であることを顕示し、契約を更新する。それゆえ、否定神学において、神の名が「正確な音程《ヴォワ》〔＝的確な声〕」〔同前〕で聞き取られるべき特権的な名である限り、この名はあらゆる他者を自分の臣下とする絶対的な基点となりかねないのである。

否定神学においては、人間の知性と感性を越えた神の名づけが問われ、その不可能性がアポファティックな仕方で示される。確かに、超越的な他者は名づけられない。神は名づけられえないまま彼方にとどまる。だが、デリダとともに借問してみよう、それは神に限った話だろうか。そもそも、何かを名づけることは、つねに、名づけえないものとの関係においてなされるはずだ。名づけうるものに名を与えるだけなら、それは既知なる事象の再確認や分類にすぎないだろう。名づけえないものに名を与えるのでなければ、名づけるという出来事は起こらないだろう。この矛盾した状況は「Il faut le nom」という定式によって的確に言い表わされる。この定式は「名が必要だ」という切迫を表現すると同時に、「名が欠如している」ということを暗黙裡に意味する。名の喪失と名づけの必要性とが隣り合わせになる状況においてこそ、名は真に贈与されるのである。「名は欠けていなければならず、欠如している名こそが必要なのである。こうして、自らを消失させるに至ることで、名は名そのものを除いて存在するだろう＝名そのものは救われることになるだろう。」〔本書七三頁〕

それゆえ、神を名づけることの不可能性は、他のあらゆる他者と比較して、なんら例外的なことではない。神だけが例外的なまったき他者であって、私たちは神だけに名を与えることができないというわけではない。そうではなくて、いかに具体的で経験的な他者であっても、あらゆる他者を名づけるときに名づけの不可能性は介在する。あらゆる他者がまったき他者性を有しているからこそ、私たちは他者を名づけると言えるのである。それゆえ、「神について、あるいは何か他のものについて語られていることを、〈何でもよい何か〉、あるいは〈誰でもよい誰か〉についても語らなければならないだろう。」〔本書八四頁〕

デリダは、「Tout autre est tout autre」〔本書八六、八九頁〕という表現によって、否定神学において神に向けられたひとつの声を読み替える。形容詞 tout は「まったく」と「あらゆる」を意味するため、この文は「まったき他者はあらゆる他者である」と「あらゆる他者はまったき他者である」という同形意義の表現として解釈される。

この表現にしたがうと、まず第一に、「まったき他者性」が「あらゆる他者」に割り当てられているために、「あらゆる他者」のあいだに序列関係や優先順位を設けることができない。どの他者が上位に位置するのか、どの他者が優先されるべきかを「この私」が決定することは不可能である。また、他者たちの視点からみて、「この私」もまた、より優先されるべきものであるとは限らない。「あらゆる他者」は同等の資格で「まったき他者」なのであり、その同等性のなかに「この私」も含めた「あらゆる他者」がつねにすでに参与しているからである。第二に、この「あらゆる他者」のなかには、例えば、ユダヤ―キリスト―イスラム教的な神のような絶対的な他者までも含まれる。聖書やコーランで描かれる神でさえ、「あらゆる他者」と同じ地平に置かれ、「あらゆる他者」へと翻訳されるのである。そして第三に、超越的な神も含めた「あらゆる他者」は、そのつど、特異的に存在する。「あらゆる他者」が「まったき他者性」を保持する限り、それらは高次の自己同一的な原理のうちに収斂することも、共通の地平（共同性）を確保することもない。ましてや、ある特定の他者だけが過度の崇高さを帯びて、超越的な他者性を獲得するようなこともない。この場合、「まったき他者性」は、特定の他者を基点として具体的な各存在者に分与されるような超越性とはなりえないのである。

このように、絶対的な他者性と相対的なおのおの他者性とが繋辞で結ばれることで、両者は互いに交換可能な関係に置かれる。「それぞれの事物、あなた、私、他者といったそれぞれの存在者、それぞれのX、それぞれの名、それぞれの神の名は置換可能な他のXの例となりうる。」〔本書八九頁〕それぞれが特異な「あらゆる他者」は、一方が他方の確固たる公準となるわけでもなく、それらが普遍的共通性へと高められるわけでもないまま同等に翻訳し合う。こうして、「類稀なチャンス、しかも原則として限界のない翻訳可能性というチャンス」が、「かつて以上に共有されうる来たるべき言語のためのチャンス」〔本書三一二頁〕が導かれるのである。否定神学における言述しえない彼方は特定の場として解釈されるのではなく、名がもたらす超越の運動として解釈し直される。此方と彼方を隔てる確固たる境界線ではなくて、そのあいだを往還する運動が否定神学から強調される。存在の彼方への誇張法的な欲望よりも、名の転移や翻訳の情熱《パッション》＝受苦こそが否定神学から引き出されるのである。（「あらゆる他者はまったき他者である」という定式に関しては、『死を与える』〔廣瀬浩司・林好雄訳、ちくま学芸文庫、二〇〇四年〕第四章を参照されたい。)

ただし、留意しておきたいのだが、こうした名の翻訳可能性は、「とどのつまり、あらゆる名が何もかも無秩序に置換されればよいのか」といった論難に組するわけではない。普遍性と例外性とのあいだで交わされる名の翻訳可能性は到達すべき目的ではなく(それはプログラムにすぎないだろう)、むしろ、「来たるべき民主主義」の端緒にすぎない。あらゆる名の翻訳の情熱《パッション》=受苦には終わりがないということ、そこからあらゆる名の交渉可能性の発端が示されるということが重要なのである。否定神学におけるように、神の名が特権的な秘密として残余するならば、そこから法的・政治的な根拠づけが派生し、神の名との交渉可能性は開かれないままである。そうではなくて、超越的な他者までもがあらゆる他者との翻訳可能性に巻き込まれ、交渉可能な対象となることで、「政治的なもの」が約束——あくまでも危険を孕んだ約束——として開示されることをデリダは目指すのである。

祈りの祈り

本書『名を救う』について、現代の「否定神学論者」ジャン=リュック・マリオンはきわめて示唆的な論考「名において　いかにして『否定神学』を語らないか」を発表している〔« In the

Name How to avoid speaking of “Negative theology” ”, *God, Gift, and Postmodernism*, ed. by John D. Caputo and Michael J. Scanlon, Indiana University Press, 1999)。デリダも同席した討論会で発表されたこのテクストにおいて、マリオンはキリスト教神学に関する豊かな学殖をふんだんに盛り込みながら、デリダの否定神学読解を論評していく。ただ、マリオンが前提とするデリダの立場がやや的を外したものであり、実際、質疑応答の時間にデリダ自身が、ラカンの表現をかりて、「自分が持っていないものを、それを欲しいと思わない誰かに与えること」と苦言を呈してもいる。

マリオンはデリダの否定神学解釈を次のように考える。デリダからすれば、否定神学は肯定と否定という形而上学的な対関係に固執するばかりで、第三の道には開かれていない。否定神学は無神論に陥らないために、不可避的に、神の本質、存在、真理を否認することで、それらの肯定をより巧みに再確立する。卓越した「超本質」といった修辞に訴えることで、神の問いは〈存在〉の地平のなかで誇張法的に強化される。最高の存在者が神と同一視されることで、否定神学はもっともギリシア的な存在‐神論と同じ構えをもつのである。こうして、現前の形而上学とみなされる否定神学は脱構築の刃に落ちる、というわけである。

確かに、マリオンの誤読は決定的なものがあるが、しかしだからこそ、デリダが否定神学の読解において何を争点にしたいのかが逆によくわかる。デリダ自身の反論によれば、すでに確認したように、否定神学は一義的な規定をもたない。デリダは否定神学それ自体を批判するのではなく、逆に、否定神学を可能とする思考の条件をつねに問題化する。だから、デリダは、否定神学を現前の形而上学とみなしているのではなく、すでに否定神学のうちにある、現前性を脱構築する契機を論及するのである。

　また、デリダは否定神学において、肯定―否定を越えた第三の道があることを意識している。ただし、デリダはこの第三の道を、プラトンの〈実在の彼方《エペケイナ・テース・ウーシアス》〉のように、誇張法的な存在論のせり上げによって解釈することに賛同しているわけではない。むしろ、彼はここに、「脱構築しえないコーラのような、〈もの〉を欠いた『何ものか』」〔本書九八頁〕を読み取ろうとするのである。コーラとは知性にも感性にも属さず、存在でも非存在でもなく、そこで何かが生成するための「受容者」であって、「そのなかに何かがあるところの空間ないしは場所」である。コーラはそれゆえ、もはや言述しない彼方として否定的に指し示されるものではない。逆に、コーラこそが「否定神学とその類同物《アナローグ》、脱構築とその類同物」〔同前〕を産出するトポスなのである。デリダはコーラを通じて、ギリシア哲学とアブラハムの啓示が交叉する存在‐神学の伝統を問いに付し、この伝統に内部から抵抗するものを見い出そうとするのである。

　こうして、デリダからすれば、否定神学の方法にしたがうことは、決して不可知論やニヒリズムに陥ることではない。否定神学なるものから解放されるべきものは、名に到来する出来事の可能性である。名がもたらされる出来事をあらゆる他者において経験することである。だから、デリダにとって、否定神学は不可能なものへの無知蒙昧な信仰に心を奪われることではない。まったく逆に、否定神学の言述を通じて、私たちは「いかなる権威、いかなる物語、いかなる教義、いかなる信心からも――極限においては、規定可能ないかなる信仰からも解放される」〔本書七九－八〇頁〕のである。つまり、信の可能性そのものを制限しないために、「信じなければならない」という情熱《パッション》＝受苦がもたらされるのである。こうした信の問題は、本書の直後に書かれた『信仰と知』において、特定の宗教における啓示（Offenbarung）よりも根源的に（自ら）顕現するような「開明性（Offenbarkeit）」という主題にそって引き継がれていくことになるだろう。

否定神学から引き出された、「誰でもよい誰か」、「何でもよい何か」の他者性をそのままにしておくという平穏さ――デリダはそこに、エックハルトが、シレジウスが、ハイデガーが「放　下《ゲラッセンハイト》」と呼称した境地をみる。それは名づけえない他者に随従し、名をもたない他者を名づけえないまま歓待することであるだろう。それは、ディオニュシオスが「神の闇」と弟子テモテに対して方向を変えないままおこなったように、名のない他者に対する呼びかけや祈りのようなものになるだろう。しかもこの祈りは、他者を名づけるという欲望が途絶している以上、「～の名において」といったいかなる志向性をももたない純粋な祈りとなる。あたかも、

「～の名における祈り」それ自体を祈らなければならないかのようなのである。否定神学から導き出される「放下」とは、他者を名づけることでこれを知解可能な領域へと手繰り寄せるのではなく、他者をそのままにしながらこちらから他者に随従することである。それは、他者に対する占有欲を欠いた嫉妬のない愛と言ってもいいかもしれない。

デリダは病床の母親ジョルジェットをニースで看病したさいに本書を執筆した。深刻な病のため、息子の名さえ忘れるほど記憶を喪失していた母を前にして、彼はシレジウスの否定神学的なテクストに親近感を抱くようになったと告白する。名を与えること、名を受け取ることが名を除いたままとりおこなわれる、そんな名の贈与の出来事が彼らのあいだには生じたのだろうか。そんな出来事が名を欠いた彼らの交流の場《コーラ》をなしていたのだろうか。名の情熱《パッション》＝受苦が綴られる本書のなかには、そんなデリダの自伝的な命運が通奏低音として静かに響いている。

〈主要参考文献〉

プラトン「パルメニデス」田中美知太郎訳『プラトン全集4』岩波書店、一九七五年。
プロティノス「エンネアデス」『プロティノス全集』田中美知太郎他訳、中央公論社、一九八六―八八年。

ディオニュシオス・アレオパギテス「神名論」「神秘神学」熊田陽一郎訳『キリスト教神秘主義著作集1』教文館、一九九二年。今義弘訳『中世思想原典集成3』上智大学中世思想研究所、一九九四年。

アンドリュー・ラウス『キリスト教神秘思想の源流』水落健治訳、教文館、一九八八年。

ウラジミール・ロースキィ『キリスト教東方の神秘思想』宮本久雄訳、一九八六年、勁草書房。

Jacques Derrida, « Comment ne pas parler Dénégations », *Psyché Inventions de l'autre*, Galilée, 1987; *Psyché Inventions de l'autre II nouv. éd. augmentée*, Galilée, 2003.

John C. Caputo, *The prayers and tears of Jacques Derrida*, Indianna University Press, 1997.

François Nault, *Derrida et la théologie*, Cerf, 2000.

訳者あとがき

本書は、Jacques Derrida, *Sauf le nom*, Galilée, 1993 の全訳である。初出は、« Post-Scriptum: Aporias, ways and voices », trans. by John P. Leavy, Jr., *Derrida and Negative Theology*, State University of New York Press, 1992 である。デリダはフランス語で単行本化されるにあたって、文中の細かい箇所に変更を施し、とりわけ「sauf le nom」という表現や「放下」という概念に関するくだりで、大幅に文章を追加している。一定量の挿入部分に限って、訳注で該当箇所を示した。

翻訳にあたっては、次の英訳、ドイツ語訳を参考にした。

« Sauf le nom (Post-Scriptum) », trans. by John P. Leavy, Jr., *On the name*, Stanford University Press, 1995.

« Außer dem Namen (Post-Scriptum) », übers. von Markus Sedlaczek, *Über den Namen Drei Essays*, Passagen Verlag, 2000.

「前置き」にも記されているように、本書『名を救う』は『パッション』（湯浅博雄訳、未來社、二〇〇一年〕、『コーラ』〔守中高明訳、未來社、二〇〇四年〕とともに一九九三年にガリレ出版から刊行されて、三冊で「ひとつの与えられた名についての三篇の試論」をなす著作である。三冊には共通の「読者への栞」が挟み込まれているが、本書に関する箇所（pp. 2-3）だけを訳出しておく。

『名を救う』。ここで問われているのは、救済＝挨拶《サリュ》〔salut〕である。夏のある日、二人の対話者が名の周りをめぐるものについて対話をおこなう――これは〔『パッション』とは異なる〕さらに別のフィクションだ。彼らは独特なやり方で、名という名を、神の名の周りをめぐるものについて、否定神学と呼ばれるものにおける神のあり方の周りをめぐるものについて対話を交わす。否定神学においては、たとえ名づけえないものが、名づけ、定義づけ、認識することができない、また同時に、そうするべきではないものであるとしても、〈綽名＝上につけられた名〔SurNom〕〉は名づけえないものを名づける。なぜなら、そのとき、綽名をつけられたものはまず、その場に留まることなく、存在の彼方へと逃れ去ってしまうからである。「否定神学」が（今日、あるいは明日の）来たるべき「政治」へと開かれているようにみえるところで、このフィクションはまた、『ケルビムのごとき旅人』（アンゲルス・シレジウス）の足跡や跡形を継承するためにあえて数歩を踏み出す。名以上の価値がある、そしてまた、名の代わりに到来する、この〈綽名＝上につけられた名〉とは何か？　そして、〈綽名〉はこれまで、結局は「救われる＝除外される〔Sauf〕」名の救済《サリュ》とみなされてきたのだろうか？　ごく単純に言うと、それは、「こんにちは」や「さらば《アデュー》」といった挨拶《サリュ》とみなされてきたのだろうか？

日本語訳タイトルの選択の経緯について、少し記しておきたい。Sauf le nom は本訳書では「名を救って」、「名を除いて」などと訳されている。タイトルの選択にあたっては、本書の内容を考慮し、また、題名としての妥当な響きから「除いて」ではなく「救って」を選んだ。ただ、前置詞 sauf の意味に忠実に「名を救って」とするとやや座りが悪いため、「名を救う」と動詞表現を用いることにした。また、副題「否定神学をめぐる複数の声」は原書にはまったく登場しない表現である。デリダが否定神学を本書の主題としていることを明記するために、訳者の発意であえて付記することにした。

*

なお、この翻訳は当初、小林康夫が行なう予定になっていて、そのように予告されてもいた。実際、小林は三年前には大学院のゼミでこのテクストの一部を読むこともあったのだが、多忙と怠惰と――おそらくこう告白しておくべきだろう――翻訳に必要な「愛」あるいは「情熱」の欠如から、長らく手がつかないままでいた。この間に著者のジャック・デリダは静かに向こう側へと去っていき、その後に残された返済義務のある負債のようにこの本はわたしの肩に重くのしかかっていたが、この夏になって若き哲学者の西山雄二さんが共訳してくれることを申し出てくれた。西山さんは驚くべき短期間で翻訳を仕上げたばかりではなく、巻末に読まれるような充実した「否定神学」の系譜学についての解説も書き上げた。わたしとしては、当然ながらこれは西山さんの単独の仕事として評価されるべきであるし、「名」を連ねることを辞退しようとしたのだが、前からの予告もあり少なくとも「名」だけはそのままで、ということになった。まさに「名を除いて」その他のすべては西山さんの仕事だと言うべきなのだが、それでもわたしの「名」を救うために！、最終の段階で西山さんの原稿に目を通したうえで、気づいた限りのことを指摘して、いくらかの修正を提案させていただいた。わたしも翻訳に参加させたもらったわけだが、おそらく、これは、否定神学について語る以上は、「ひとり以上」が必要である、というこの本の強い主張に翻訳もまた従ったということになるかもしれない。

そのうえでわたしとしては、ここでもまたデリダの思考の試みが、言語の形式の問題からはいって、それを一般化し、そのうえでそれを一者へと究極化するのではなく、おもいっきり過激なまでに分散化し、散種し、多数化する方向へと思考を進めていく、その――少なくとも「神秘」ではないにしても、しかし「秘密」なしにではない――執拗にして、終わることのない、そう、不可能な運動であることを読み取っていただきたいと思う。読みようによってはそこには、デリダの脱構築の「秘密」が驚くべき簡明さのうちに開示されてもいるのだ。そしてそれは、われわれにとっては、「民主主義の明日」を考えるための貴重な実験ともいえるとわたしは思う。

（小林康夫）

翻訳に際しては、卓越したデリダ読みである郷原佳以氏、宮﨑裕助氏に全文を丁寧に目を通していただき、細かい点に至るまで数多くの有益な助言をいただいた。また、資料の収集や不明な点に関する議論のやりとりなど、万般にわたってお世話になった。心から感謝申し上げる次第である。

（西山雄二）

未來社・社主である西谷能英氏には的確かつ迅速な編集作業でお世話になった。厚く御礼申し上げる次第である。

二〇〇五年一〇月九日

小林康夫、西山雄二

■訳者略歴

小林康夫（こばやし やすお）

一九五〇年、東京都生まれ。

東京大学教養学部卒業、同大学大学院博士課程、パリ第10大学大学院博士課程修了。現在、東京大学大学院総合文化研究科教授。専攻は、表象文化論、哲学、フランス文学。

著書＝『不可能なものへの権利』『無の透視法』（ともに書肆風の薔薇）、『起源と根源』『大学は緑の眼をもつ』『表象の光学』（ともに未來社）、『光のオペラ』『身体と空間』（ともに筑摩書房）、『出来事としての文学』（作品社、のちに講談社学術文庫）、『建築のポエティクス』（彰国社）、『青の美術史』（ポーラ文化研究所、のちに平凡社ライブラリー）ほか。

編著書＝『知の技法』『知の論理』『知のモラル』『新・知の技法』『表象のディスクール』（共編著、いずれも東京大学出版会）、『文学の言語行為論』『美術史の7つの顔』（編著、ともに未來社）、『宗教への問い』（共編著、岩波書店）ほか。

訳書＝リオタール『ポスト・モダンの条件』、レヴィナス『他者のユマニスム』（ともに書肆風の薔薇）、デリダ『シボレート』（共訳、岩波書店）、リオタール『インファンス読解』（共訳、未來社）、ほか。

西山雄二（にしやま ゆうじ）

一九七一年、愛媛県生まれ。

神戸市外国語大学国際関係学科を卒業。現在、一橋大学言語社会研究科博士課程に在籍。

論文に、「生き延び・供犠・死への権利――ヘーゲル哲学における死を介した個人と共同性の問題」（『叢書アレテイア6』、御茶の水書房、二〇〇五年）、「『研究を救おう！』運動と独立行政法人化」（『情況』二〇〇五年七月号）ほか。

訳書に、マラブー『ヘーゲルの未来』（未來社）、ブランショ『ブランショ政治論集 1958-1993』（共訳、月曜社）、ナンシー『ヘーゲル』（共訳、現代企画室）ほか。

【ポイエーシス叢書53】

名を救う——否定神学をめぐる複数の声

二〇〇五年一〇月二五日　初版第一刷発行

定価……本体一八〇〇円＋税

著者……ジャック・デリダ

訳者……小林康夫・西山雄二

発行所……株式会社　未來社

東京都文京区小石川三—七—二
振替〇〇一七〇—三—八七三八五
電話（03）3814-5521（代）
http://www.miraisha.co.jp/
Email: info@miraisha.co.jp

発行者……西谷能英

印刷・製本……萩原印刷

ISBN4-624-93253-6 C0310

ポイエーシス叢書

（消費税別）

☆は近刊

1 起源と根源　カフカ・ベンヤミン・ハイデガー　小林康夫著　二八〇〇円
2 未完のポリフォニー　バフチンとロシア・アヴァンギャルド　桑野隆著　二八〇〇円
3 ポスト形而上学の思想　ユルゲン・ハーバーマス著／藤澤賢一郎・忽那敬三訳　二八〇〇円
4 アンチ・ソシュール　ポスト・ソシュール派文学理論批判　レイモンド・タリス著／村山淳彦訳　四二〇〇円
5 知識人の裏切り　ジュリアン・バンダ著／宇京頼三訳　二八〇〇円
6「意味」の地平へ　レヴィ＝ストロース、柳田国男、デュルケーム　川田稔著　一八〇〇円
7 巨人の肩の上で　法の社会理論と現代　河上倫逸著　二八〇〇円
8 無益にして不確実なるデカルト　ジャン＝フランソワ・ルヴェル著／飯塚勝久訳　一八〇〇円
9 タブローの解体　ゲーテ「親和力」を読む　水田恭平著　二五〇〇円
10 余分な人間　『収容所群島』をめぐる考察　クロード・ルフォール著／宇京頼三訳　二八〇〇円
11 本来性という隠語　ドイツ的なイデオロギーについて　テオドール・W・アドルノ著／笠原賢介訳　二五〇〇円
12 他者と共同体　湯浅博雄著　三五〇〇円
13 境界の思考　ジャベス・デリダ・ランボー　鈴村和成著　三五〇〇円
14 開かれた社会―開かれた宇宙　哲学者のライフワークについての対話

15 討論的理性批判の冒険　ポパー哲学の新展開
カール・R・ポパー、フランツ・クロイツァー／小河原誠訳　二〇〇〇円
小河原誠著　三二〇〇円
16 ニュー・クリティシズム以後の批評理論(上)
フランク・レントリッキア著／村山淳彦・福士久夫訳　四八〇〇円
17 ニュー・クリティシズム以後の批評理論(下)
フランク・レントリッキア著／村山淳彦・福士久夫訳　三八〇〇円
18 フィギュール
ジェラール・ジュネット著／平岡篤頼・松崎芳隆訳　三八〇〇円
19 ニュー・クリティシズムから脱構築へ　アメリカにおける構造主義とポスト構造主義の受容
アート・バーマン著／立崎秀和訳　六三〇〇円
20 ジェイムスン、アルチュセール、マルクス　『政治的無意識』入門講座
ウィリアム・C・ダウリング著／辻麻子訳　二五〇〇円
21 スーパーセルフ　知られざる内なる力
イアン・ウィルソン著／池上良正・池上冨美子訳　二八〇〇円
22 歴史家と母たち　カルロ・ギンズブルグ論
上村忠男著　二八〇〇円
23 アウシュヴィッツと表象の限界
ソール・フリードランダー編／上村忠男・小沢弘明・岩崎稔訳　三二〇〇円
24 オートポイエーシス・システムとしての法
グンター・トイプナー著／土方透・野崎和義訳　三二〇〇円
25 地上に尺度はあるか　非形而上学的倫理の根本諸規定
ウェルナー・マルクス著／上妻精・米田美智子訳　三八〇〇円
26 ガーダマーとの対話　解釈学・美学・実践哲学
ハンス＝ゲオルク・ガーダマー著／カルステン・ドゥット編／巻田悦郎訳　一八〇〇円
27 インファンス読解
ジャン＝フランソワ・リオタール著／小林康夫・竹森佳史ほか訳　二五〇〇円
28 身体　光と闇
石光泰夫著　三五〇〇円

29 マルティン・ハイデガー　伝記への途上で
フーゴ・オット著／北川東子・藤澤賢一郎・忽那敬三訳　五八〇〇円
30 よりよき世界を求めて
カール・R・ポパー著／小河原誠・蔭山泰之訳　三八〇〇円
31 ガーダマー自伝　哲学修業時代
ハンス＝ゲオルク・ガーダマー著／中村志朗訳　三五〇〇円
32 虚構の音楽　ワーグナーのフィギュール
フィリップ・ラクー＝ラバルト著／谷口博史訳　三三〇〇円
33 ヘテロトピアの思考
上村忠男著　二八〇〇円
34 夢と幻惑　ドイツ史とナチズムのドラマ
フリッツ・スターン著／檜山雅人訳　三八〇〇円
35 反復論序説
湯浅博雄著　二八〇〇円
36 経験としての詩　ツェラン・ヘルダーリン・ハイデガー
フィリップ・ラクー＝ラバルト著／谷口博史訳　二九〇〇円
37 アヴァンギャルドの時代　1910年-30年代
塚原史著　二五〇〇円
38 啓蒙のイロニー　ハーバーマスをめぐる論争史
矢代梓著　二六〇〇円
39 フレームワークの神話　科学と合理性の擁護
カール・R・ポパー著／M・A・ナッターノ編／ポパー哲学研究会訳　三八〇〇円
40 グローバリゼーションのなかのアジア　カルチュラル・スタディーズの現在
伊豫谷登士翁・酒井直樹・テッサ・モリス＝スズキ編　二五〇〇円
41 ハーバマスと公共圏
クレイグ・キャルホーン編／山本啓・新田滋訳　三五〇〇円
42 イメージのなかのヒトラー
アルヴィン・H・ローゼンフェルド著／金井和子訳　二四〇〇円
43 自由の経験
ジャン＝リュック・ナンシー著／澤田直訳　二八〇〇円
44 批判的合理主義の思想
蔭山泰之著　二八〇〇円

45滞留［付／モーリス・ブランショ「私の死の瞬間」］ ジャック・デリダ著／湯浅博雄監訳 二〇〇〇円
46パッション ジャック・デリダ著／湯浅博雄訳 一八〇〇円
47デリダと肯定の思考 カトリーヌ・マラブー編／高橋哲哉・増田一夫・高桑和巳監訳 四八〇〇円
48接触と領有 ラテンアメリカにおける言説の政治 林みどり著 二四〇〇円
49超越と横断 言説のヘテロトピアへ 上村忠男著 二八〇〇円
50移動の時代 旅からディアスポラへ カレン・カプラン著／村山淳彦訳 三五〇〇円
51メタフラシス ヘルダーリンの演劇 フィリップ・ラクー＝ラバルト著／高橋透・吉田はるみ訳 一八〇〇円
52コーラ プラトンの場 ジャック・デリダ著／守中高明訳 一八〇〇円
53名を救う 否定神学をめぐる複数の声 ジャック・デリダ著／小林康夫・西山雄二訳 一八〇〇円
☆エコノミメーシス ジャック・デリダ著／湯浅博雄・小森謙一郎訳
☆信と知 ジャック・デリダ著／湯浅博雄訳
☆我ニ触レルナ 出棺についての試論 ジャン＝リュック・ナンシー著／鵜飼哲・荻野厚志訳
☆無能な者たちの共同体 田崎英明著
☆ベンヤミンのパサージュ ピエール・ミサック著／瀧浪幸次郎訳
☆ハーバーマスとモダニティ リチャード・J・バーンスタイン著／三島憲一・木前利秋・中野敏男訳
☆問題解決としての生 カール・R・ポパー著／萩原能久訳
☆構想力・真理・歴史 木前利秋著

本書の関連書

美術史の7つの顔　小林康夫編　二六〇〇円

ヘーゲルの未来　可塑性、時間性、弁証法　カトリーヌ・マラブー著／西山雄二訳　四五〇〇円

逆光のロゴス　現代哲学のコンテキスト　高橋哲哉著　三五〇〇円

証言のポリティクス　高橋哲哉著　二二〇〇円

『ショアー』の衝撃　高橋哲哉・鵜飼哲編　一八〇〇円